情緒界線

孩子人生必備的競爭力

情緒界線

孩子人生必備的競爭力

情緒界線

孩子人生必備的競爭力

情緒界線

孩子人生必備的競爭力

情緒界線

孩子人生必備的競爭力

賴宇凡 著

前言

家庭教育就是職場教育

古早的美國教育界發現，學生擁有知識，並不代表能找到適合自己的工作。他們發現老師教的是知識，但沒教學生要如何才能走向適合自己的行業。學生即使各科都學得很好，還是必須找到適合自己的工作，才能適才適用，因此美國學校心理諮商師這個行業應運而生。學校諮商師活用各種心理學檢測工具，爲學生找到適合的行業，這是爲什麼美國學生選課，向來都是學校諮商師在輔導的。這也是爲什麼，在美國申請大學，常需要學校諮商師寫推薦函。

後來，美國社會變動快速，家庭結構面臨瓦解，孩子開始在學習時出現了焦慮、憂鬱、自殺等各種心理症狀。老師無法用學科知識給予協助，也因此心理諮商師的工作和職訓進入了大型改革。此後，美國學校心理諮商師除了輔佐就業取向外，他們也開始擔當心理輔導的重任。我就是在美國諮商師職訓改革後，在很偶然的機會下，被召喚進入這個行業的。

那時我除了做一般的學校諮商師工作外，由於對情緒領悟特別深，所以被不同學校招聘爲情緒諮商師（emotional counselor）。在我的情緒諮商室中，我發現多數孩子的學習狀況不理想，並不是因爲能力不足，而是因爲情緒出問題。會干擾孩子情緒的，並不是只有父母離異和被霸凌這種大事，諸如老師偏心、同學拿了橡皮擦不還、男女朋友不回電話、總是被兄弟姊妹取笑、覺得爸媽管得太多、同組同學都不做事、老師很凶、被朋友占便宜等事，都能嚴重影響孩子的情緒。當孩子不會管理這些情緒時，情緒就會變質變壞，開始影響孩子的生活與學習。

由於在學校裡諮商時，我常需要與家長深談。我發現，家長都只知道要擔心孩子的成績，覺得孩子面對的其他問題，都不值得費心教育。可是，孩子的成績偏偏都是這些家長覺得不值得費心教育的「小事」搞砸的。

除了在學校做心理諮商師外，我在私人門診也有客戶，而他們都是成人。這些成人所面臨的問題，並不是他們沒有能力勝任自己的工作，他們都是因爲情緒問題，而開始干擾到工作效能。我發現，成人的情緒問題，其實跟學校裡孩子的差不多，像老闆偏心、同事借了錢不還、伴侶總是已讀不回、老是被兄弟姊妹貶低、覺得爸媽還是把自己當小孩管教、同事明明不做事卻被稱讚、老闆總是講話很難聽等。跟孩子一樣，成人不會管理這些情緒，所以情緒就變質變壞，開始影響生活和工作。

由於同時面對家庭、學校、職場，我開始發現，我們窮盡一生取得專業知識，卻沒有人教我們要如何處理「老師偏心、同學拿了橡皮不還、男女朋友不回電話、總是被兄弟姊妹取笑、覺得爸媽管得太多、同組同學都不做事、老師很凶、被朋友占便宜」這些「小事」。我們的生活和事業很少被工作能力拖垮，卻常常被這些像「老闆偏心、同事借了錢不還、伴侶總是已讀不回、老是被兄弟姊妹貶低、覺得爸媽還是把自己當小孩管教、同事明明不做事卻被稱讚、老闆總是講話很難聽」的「小事」癱瘓。

我還記得有個小學生升上三年級後，換了很嚴肅的男老師，他一、二年級的老師都是那種講話輕聲輕語、滿臉笑容的女老師，所以他一上三年級就開始出現問題，成績狂掉，家長來我的諮商室劈頭要求換老師：「這個老師太嚴肅了，臉太臭了，不適合我的孩子。」孩子的媽媽是小兒科醫生，她說：「我們的孩子都是在愛的環境下長大的，我和先生工作再累，回家也是笑臉迎人，這個老師必須換掉！」我回他們：「如果你們能保證將來孩子不喜歡老闆，你們也能幫孩子換老闆，我現在就幫孩子換老師。要不然請容許我教孩子如何管理他與老師之間的關係，這樣將來他才能夠管理他與老闆之間的關係。」

是的，孩子跟父母、老師的相處技能，就是他們將來跟老闆相處的依據。一個人跟爸媽相處的模式，會平行轉移成為與老師和老闆相處的模式，這就變成了這個人與上位相處的習慣，他將來能不能有效管理老闆，就看他在家養成了什麼習慣。而一個人跟兄姊相處的模式，通常會平行轉移成為與同學和同事相處的模式，這就變成了這個人與平位相處的習慣，他能不能有效管理同事，就看他在家養成什麼習慣。最後在家裡與弟妹相處的模式，會平行轉移到與學弟妹與下屬相處的模式，這就是這個人與下位相處的習慣，他將來能不能有效管理下屬，就看他在家養成了什麼習慣。

管理老闆	爸媽	➡ 老師	➡	老闆
管理同事	兄姊	➡ 同學	➡	同事
管理下屬	弟妹	➡ 學弟妹	➡	下屬

那個學生覺得在家時爸媽都是笑臉迎人，所以在學校時老師也該笑臉迎人，當他碰到了一個嚴肅的老師時，他就無法運作。如果這時做家長的不教育孩子於學校克服這件事，將來要是他又遇上一個臭臉老闆怎麼辦呢？現在這個孩子在校成績再好、在工作上表現再高，也無法解決他害怕與臭臉老師和老闆相處的困難，就算薪水或職位再高，他依舊會不快樂。

我有一個同學，從小被父權霸凌，到了學校只要遇上強勢一點的男老師，他那科一定當掉。最後進了職場，他只要遇上強勢一點的男老闆就必須辭職，最後空有一身才華卻無法發揮。我還有一個客戶，從小就嫌妹妹太小太笨，家長沒有指正教育。他上學後成績一直很好，求學過程最讓他覺得失敗的事，是有一次學校要他帶學弟妹布置公告欄，最後公告欄沒做好，學弟妹還集體寫信給教官告他這個學長濫職。最後他在公司裡與下屬相處，永遠都顯現出對下屬的嫌棄，部門業績一直帶不起來。有些家長以爲罵小孩就是管教，只罵卻不教不管，所以孩子變得很耐罵，到了公司老闆怎麼罵都可以當耳邊風，最後老闆受不了了請他走人。

就因爲有這樣的平行轉移，所以家庭教育就是職場教育；就因爲有這樣的平行轉移，所以學校不應只是學習知識的地方，它其實該是職場的演習地。做爸媽的如果能成功的教孩子有效的管理與父母、兄弟姊妹之間的關係，再讓孩子帶著這些技能進入學校演習，在一旁指導修正，這樣的家庭教育，便能造就出成功的職場教育。如此一來，孩子長大進入學校和職場，也才可能有追求快樂的技能。

沒有「內在權威」，進入職場就好像沒有穿防彈衣上戰場一樣

公視《你的孩子不是你的孩子》一劇，嚇醒了很多華人父母。大家都知道人與人之間相處要有人際界線，才可能有健康的關係。但是，往往我們因爲投資太深，覺得孩子的事就是我們的事，因而介入插手過多。當我們把孩子當成自己的，當我們沒有與孩子分離界線，當我們幫孩子把事情都做了，把該想的都想了，孩子與生俱來的內在權威就被抹滅了。

內在權威就是一個人爲自己界線內的事做決定：他有什麼感覺、他是怎麼想的、他的決定是什麼，全都是他的事，所以由他決定。如果一個人在成長過程中，父母把孩子的內在權威抹滅了，那孩子會不知道自己的界線在哪裡。不知道自己的界線在哪裡，所以不懂得要守衛，就很可能被霸凌。沒有內在權威的人，也可能不知道自己該怎麼想，因此失去了獨立思考的能力。不理解自己和他人的界線、不懂得如何守衛界線、沒有獨立思考的能力，能讓一路很會考試的孩子，在職場中感到困難重重。

那我們到底要怎麼做，才能不把我的孩子當我的孩子呢？界線到底是什麼呢？它在哪裡呢？那做父母的要不要有界線呢？它又在哪裡呢？我們要如何才不越孩子的界呢？那如果是孩子越了別人的界呢？到底該怎麼做，孩子才能了解自己的感覺，同時也有情商了解他人的感受呢？這些問題，在這本書裡都將有答案。你會在書裡看見，你該怎麼教，才能做好孩子的第一個老師和老闆，孩子在與你互動中，他要學會什麼才能懂得管理自己的老師和老闆。在書裡，你同時可以看見，孩子在與同輩、同學相處時，你要如何引導，孩子才能不卑不亢的肯定自己的界線，同時尊重他人的界線，爲往後他在職場中與同事相處，奠定良好的基礎。

這是一本講「怎麼做」的書，目的不是爲了要審判父母、嚇唬父母，而是爲了要把有效新工具教給父母而存在的。我做諮商師多年，發現人要有動力去做根本的改變，需要的不是說教、不是指認錯誤，而是要有勇氣去做改變，要有實用可行的方法，以及不離不棄的陪伴。有方法，才可能談得上享受過程。希望這本書，能在這個巨變的時代裡，陪伴你們享受做父母的樂趣，爲我們的孩子創建更快樂的未來。

目次

第二章 與平位相處

第三章 與下位相處

第一章　與上位相處

管理老闆　爸媽 ➡ 老師 ➡ 老闆

1 孩子不是被老闆所擁有的

情緒界線分離，擁有不叫愛

文豪剛畢業時，被學長召進了他所創的公司。工作兩年後，學長的公司開始穩定成長，文豪覺得這個行業並不適合自己，而且工作時間實在太長了，他總是睡眠不足，所以他開始跟朋友打聽別的工作。消息傳到學長的耳裡，學長震怒！他跟文豪說：「你這人太沒有道義了！你剛畢業連履歷都不用遞，我就給了你一個好工作。現在你拿的薪水比你哪一個同學少？你怎麼可以背叛我去找別的工作呢？」文豪想想也覺得對不起學長的賞識，因此打消了轉行的念頭。

靜惠是一個乖巧的大二學生，系主任要她幫忙做研究，她受寵若驚。由於做研究常會忙到很晚，系主任總是會買晚餐給她吃。有一天半夜，她離開系主任辦公室時，發現整棟樓都空無一人，她感覺有一點不對勁了。那以後，系主任要求她入夜後留下來做事，她都婉拒了。她第三次拒絕時，系主任就對靜惠說：「靜惠啊，你知道你是我見過最聰明的學生了，我對你有很深的期望。我這麼嚴格要求你的研究工作，是爲了你往後的學業著想。我覺得你有潛力變成博士生，希望你盡量把晚上時間安排好，可以多做一點研究工作。你不要忘了，我留下來工作到那麼晚，其實也是爲了要栽培你哦。」靜惠心裡雖然還是很毛，但不想讓如此賞識她的系主任失望，因此她還是在入夜後留下來工作。系主任與她愈坐愈近，她每一次想保持一點距離，系主任就把對她多賞識、多用心栽培這種話拿出來講。最後有一天，系主任就性侵了靜惠。即使如此，系主任還是告訴靜惠他有多喜歡她、多愛她，讓這樣的事情延續了兩年，一直到靜惠畢業了，她才敢告訴家人這件事。

靜惠和文豪都有什麼才是對自己好的直覺，是這些感覺讓他們覺得該保護自己了，但是，是什麼阻止了他們相信自己的感覺，繼續往危險前進呢？

大偉是獨生子，父母都是醫生，非常關心他的學業。他準備升學時，希望選文科，遭到父母反對，他們威脅他要斷絕經濟援助。大偉向來很乖，但這次他反彈很大，在離家出走前對父母說：「你們可不可以給我一點空間，不要一直越我的界，你們能不能讓我喘口氣?!」

一般人都知道，要有健康的人際關係，一定要保有人際「界線」。但很少人覺得親子之間應該有人際界線，因爲孩子從母體而來，大家都覺得跟孩子愈沒界線就是愈親，也就是有種「你的就是我的、我的就是你的」概念。其實，親子關係在母體裡就有界線，那個界線就是胎盤，媽的血歸媽的血、孩子的血歸孩子的血，沒有了這個界線，母子都會有危險。可以說，我們與生俱來就擁有界線，這個界線負起了保護我們的責任。

孩子從小一切都是靠父母，父母讓他吃什麼，他就吃什麼、父母讓他穿什麼，他就穿什麼。等到孩子大了，就會開始有自己的喜好、自己的意見、自己想做的決定，如果這時你強迫他、想改變他，他就會生氣。我們總是不喜歡見到孩子有情緒，但有沒有想過，孩子為什麼要有情緒？

情緒感覺與身體感覺一樣，它們的功能都是為了保護我們。如果有人掐我們，身體就會痛，這個感覺是為了警告我們：身體界線被侵犯了。就好像有人說了什麼話惹我們，我們會生氣，這個生氣的情緒是為了警告我們心理界線被侵犯了。這個情緒界線就是大家說的人際界線。一個城市不想讓外敵入侵，它必須有堅強的城牆。城牆是可以看得見、摸得到的東西，但人際界線摸不著、看不到，無影無形。雖然界線無影無形。但是，當別人侵犯我們的時候，我們會出現情緒，所以情緒就是我們城牆上的警報器。情緒=人際界線。當別人侵犯我們的界線時，情緒就會作響。

那我們的情緒界線裡有什麼呢？如果我們把情緒界線想像成腳下的一個圈圈，而這個圈圈裡放的就是我們的價值觀、偏好／喜好、意見、夢想、用意、決定，就是那些我們腦子裡的事。腦子裡的事看不見，所以就必須有情緒來守衛它們，不被他人侵入。而成功的家庭教育，就是父母能成功的把自己的情緒界線與孩子的情緒界線分離。

當孩子開始長大了，父母喜歡吃的不再代表是孩子喜歡吃的、父母喜歡的衣服不再代表是孩子喜歡的衣服、父母希

望孩子念的科系不再代表那是孩子喜歡的、父母希望孩子加衣不代表他冷、父母希望孩子多吃點不代表他餓。孩子是一個獨立的個體，擁有他自己的情緒界線，如果父母想要擁有孩子的那個界線，就像母子之間沒有胎盤一樣，親子關係會面臨危機。父母的責任，並不是霸占孩子的情緒界線，而是要協助孩子認識他情緒界線裡的喜好、夢想，或幫助他依自己喜好塑造他的價值觀、意見、決定。

很多父母會說，孩子哪懂，我們幫他選是爲他好、關心他、愛他，他有什麼好不高興的？問題是，如果現在強迫孩子去做自己不想做的事情，那個人不是你，是他的老師或老闆呢？然後孩子被強迫了還以爲老師和老闆是愛他、關心他、爲他好呢？靜惠和文豪不就是這樣？

靜惠和文豪的父母很相似，他們都是對孩子的教育關心有加，孩子想要獨立擁有自己界線時，他們從沒放手過。靜惠想要上自己喜歡的才藝課，父母覺得才藝課對學業沒幫助，不准，幫她選了別的課後輔導。文豪想要選自己喜歡的科系，父母覺得那科賺不了錢，要求他上一個未來錢賺得比較多的科系。然後，父母不停的告訴他們：「我們是爲你好、我們是關心你、我們是愛你才這麼做的。」父母不與孩子的情緒界線成功分離，孩子會弄不太清楚到底什麼是自己想要的、喜歡的。等到孩子離家在外面與上位的人相處時，他們也會很容易就把別人違背自己意願、強加在他們身上的事當作一種愛和關心。他們會把越界，當作是一種親近而不是侵犯。

如果你不希望自己的孩子認為，他是被老師或老闆擁有的，那你最好也不要一直不停的讓孩子覺得，他是被你擁有的。畢竟，你的孩子不是你的孩子。

諮商小案例

我有一個讀高中的學生，半夜出去約會被爸媽抓到。後來，爸媽就規定孩子每晚睡在夫婦倆中間。孩子覺得很丟臉，那麼大了還要跟父母睡，所以睡不好，精神狀況很糟，到諮商室來求助。我把父母找來，仔細問詳情，說明了孩子的感受。爸媽跟我說：「她半夜跑掉呀，我們緊張呀，怕不知道她什麼時候又會跑掉，所以才要她睡我們中間啊。我們這樣是為她好，是要保護她呀。你知道，她跑出去約會，難保不會被男生侵犯。老師，我們是愛她的呀！」我了解父母心急，但他們這樣做是會有後果的。

我問學生的爸媽：「你們這樣做，是不是怕她的身體被侵犯？」爸媽很高興我聽懂了，笑著用力點頭。我繼續問：「那你們現在把她身體放你們中間睡，是不是違背她的意願？」爸媽承認女兒是很不情願。我說：「你們違背她的身體意願，然後告訴她這是因為你們愛她。那往後有男生跟你女兒說，他違背她的身體意願，也是因為他愛她。你想，你女兒會怎麼想？」

選選看：理清情緒界線

＊ 由於我們和孩子原本的情緒界線是混在一起的，因此在學習分離時會有一些模糊不清的地方。試著想一想，這些事情，到底是在你的圈圈裡，還是在孩子的圈圈裡？

你覺得這件事情，是屬於父母圈圈內的事，還是孩子圈圈內的事？請打勾。

父母的圈圈　　孩子的圈圈

問題

	事情	父母的圈圈	孩子的圈圈
①	孩子想不想學鋼琴		
②	父母是否希望孩子學鋼琴		
③	孩子大學想修什麼主科		
④	父母願不願拿錢給孩子修主科		
⑤	孩子冷不冷、想不想添衣服		
⑥	父母擔心孩子會冷		
⑦	孩子喜不喜歡喝可樂		
⑧	父母願不願拿錢買可樂		
⑨	孩子的貸款		
⑩	父母的錢拿去捐給慈善機構		
⑪	孩子的錢交給配偶管理		
⑫	父母的債務		
⑬	父母為孩子舉債		
⑭	孩子欠錢還不了，父母為孩子著急		
⑮	孩子為父母還債		
⑯	父母讓孩子覺得不幫忙還債有罪惡感		

解答

	事情	答案	為什麼？
①	孩子想不想學鋼琴	孩子的圈圈	孩子「想」什麼，都是孩子情緒界線內的事。
②	父母是否希望孩子學鋼琴	父母的圈圈	父母的「期盼」，都是父母情緒界線內的事。但是，如果這個期盼是需要孩子去完成，那要不要完成就又落到孩子的圈圈裡了。
③	孩子大學想修什麼主科	孩子的圈圈	孩子「想」什麼，都是孩子情緒界線內的事。
④	父母願不願拿錢給孩子修主科	父母的圈圈	錢是父母的。父母「想不想、願不願意」都是父母情緒界線內的事。
⑤	孩子冷不冷、想不想添衣服	孩子的圈圈	孩子冷不冷是孩子身體界線內的事，孩子「想不想」做什麼，都是他情緒界線內的事。
⑥	父母擔心孩子會冷	父母的圈圈	父母的「擔心」，是屬父母情緒界線內的事。
⑦	孩子喜不喜歡喝可樂	孩子的圈圈	孩子「喜歡」什麼，都是孩子情緒界線內的事。
⑧	父母願不願拿錢買可樂	父母的圈圈	錢是父母賺來的。父母「想不想、願不願意」都是父母情緒界線內的事。
⑨	孩子的貸款	孩子的圈圈	是孩子去借錢，借不借錢這個「決定」，是在孩子的情緒界線內。
⑩	父母的錢拿去捐給慈善機構	父母的圈圈	錢是父母賺來的。父母「想」要拿錢去做什麼，這個「決定」，都是在父母的情緒界線內。

⑪	孩子的錢交給配偶管理	孩子的圈圈	錢是孩子賺來的，孩子「想」要把錢交給誰管理，是在孩子的情緒界線內。
⑫	父母的債務	父母的圈圈	是父母去借錢，借不借錢這個「決定」，是在父母的情緒界線內。
⑬	父母為孩子舉債	父母的圈圈	父母「為」任何人做任何事，這些「決定」，是在父母的情緒界線內。
⑭	孩子欠錢還不了，父母為孩子著急	父母的圈圈	父母「著急」，是父母情緒界線內的事。
⑮	孩子為父母還債	孩子的圈圈	孩子「為」任何人做任何事，這些「決定」，是在孩子的情緒界線內。
⑯	父母讓孩子覺得不幫忙還債有罪惡感	孩子的圈圈	孩子有「罪惡感或任何感覺」，都是孩子情緒界線內的事。

有一次我在做親子關係演講時，有一個爸爸問：「你說要尊重孩子的界線，那如果我的兒子喜歡喝可樂呢？我明知它不健康還是要給他買嗎？」我就問：「買可樂的錢是你的，還是孩子的？」爸爸說：「我的。」我就說：「那有衝突嗎？孩子可以喜歡喝可樂，你也可以不願用你的錢買可樂。」爸爸很不好意思的說：「可是我不買給他，他就在大庭廣眾吵鬧，讓我覺得很不好意思。」我問他：「孩子在大庭廣眾吵鬧，應該是他不好意思，怎麼是你不好意思呢？那如果你因此而不好意思，這又是誰的事呢？」爸爸很不確定的回答：「我

的？」我說：「當然是你的，你的情緒，當然是在你的情緒界線裡！既然是你的，就歸你負責處理。」爸爸很不服氣的說：「但那是我兒子害我有這個感覺的。」我說：「那是他向你情緒勒索，而你接受勒索，是你的事。」

我們可以看得出來，情緒勒索會存在，就是因爲界線混在一起，沒有分離。分清楚的界線，情緒很難被勒索。在一個家庭裡，如果界線成功的分離了，那這類衝突就不可能產生。因爲孩子很了解什麼是他界線內的事，也很了解什麼是父母界線內的事。所以孩子喜歡喝可樂，父母不會越界去說：「可樂有什麼好喝的？」或是「你不准喜歡喝可樂！」但同時，孩子也會尊重父母覺得可樂不健康，尊重父母不願拿錢買可樂的決定。

如果父母和孩子界線沒有成功分離，一個小小的家，也能弄得像大宅門那樣複雜，因爲所有的線都纏在一起。如父母心疼子女還不了債務，幫忙付了，付完了以後又不甘心，不停的說自己多麼辛苦，年紀那麼大了還要幫孩子還債等。孩子不幫父母還債覺得有罪惡感，用力舉債後，卻眼淚汪汪的到處訴說自己的不幸。兒子買了薏仁回來要媽媽煮給他吃，媽媽煮了幾天把兒子吃胖了，兒子又怪媽媽把他餵胖了，媽媽回頭罵兒子不懂媽媽心意眞是不孝。情緒界線不分離，這些戲碼就會時常上演。

父母給了子女生命，如果兩方情緒界線能分離，這個家就能夠豐盈彼此的生命。但是，如果兩方情緒界線不能分離，那這個家，只會扼殺彼此的生命。

給成人子女的話

如果你應該一起幫忙還債。這就是情緒界線沒有成功分離的後果，一個家像毛線一樣糾纏在一起，亂成一團。

如果你想要與父母的情緒界線成功分離，也可以做上述理清情緒界線的功課。當那件事不在你的圈圈裡時，你不應覺得自己應該置評或插手介入，如果那件事不在你的圈圈裡，那你也無須覺得自己應當負責。但是，相反的，如果那件事是在你的圈圈裡時，你有權不讓他人介入或置評，而那件事如果是在你的圈圈裡時，那你則不應該要求他人為你負責，因為它是你的責任。

宇凡的悄悄話——看到孩子的情緒好似看到血

大家都以為我是做諮商的，對自己孩子的情緒，一定很能接納。面對大家的情緒，我是真的很OK，這是我能夠走進諮商領域的原因。就好像醫生不怕血，所以能行醫。但是，我對自己孩子的痛苦情緒是很害怕的，就像有人看到血就會暈眩一樣。

人對自己懼怕的東西，都會下意識閃躲，或是想抹滅。就像怕血的人看到血，要不就是躲開，要不就是想趕快把它移除。我對自己孩子的痛苦情緒，也會有同樣的下意識動作，而這樣的動作，常常就是越界，要不就是不耐煩。別人有情緒，我可以好好聆聽，但是我的孩子有痛苦的情緒，我都想趕快解決，如果沒有解決，我就會開始不耐煩。有時，如果我預測孩子做了什麼事，可能會帶來痛苦的情緒，我也會很雞婆的用力讓她們改道。比如，兩個孩子在溝通時講話方式不對，我怕她們吵起來感情不合，就會很嚴厲的要求她們馬上改變溝通方法。

每一個人覺得重要的事情不一樣，有些父母可能覺得功課成績很重要，害怕孩子成績不好、考上不好的學校，未來會受苦，因此很嚴厲的盯孩子的功課，或是想控制孩子念什麼科系。我覺得溝通很重要，害怕孩子因為不懂得有效溝通，將來影響工作或親密關係，因此很嚴厲的盯著孩子怎麼說話。嚴厲的心情，常會使得我們對孩子所犯的錯不寬容或是過度越界。雖然我們這麼做是愛他們、關心他們，但是其實孩子會受苦。

這些我都明白，但我還是很害怕她們會有痛苦的情緒，那怎麼辦？對我最有效的方法，是深呼吸，然後跟自己說：「我的孩子不是我的，她們是老天寄養在我家的。我盡力，老天對她們自有安排。」只有我把自己與孩子分離一點、區隔一點，

2 孩子可以不必忍受老闆霸凌

沒有內在權威的人，就很容易招惹霸凌

有一次我跟先生急著出門去買舊家具，先生發現現金不夠，就跑去跟女兒們借，但她倆都不借。先生很急，竟然動了眞怒，大聲嚴厲的對她們說：「我們養你們那麼大了，你們吃我們的、住我們的，現在你爸跟你們借幾塊錢，你們竟然不借！實在太不孝了！」兩個女兒顯然被嚇到了，都開始掉眼淚，大女兒向來是勇於表達的孩子，她說：「爸每次借錢都忘了還，所以我才不想借。」先生本來是氣急敗壞，現在變成了惱羞成怒，他更大聲的說：「你說我什麼時候不還你錢！你跟我要什麼錢呀！你有什麼好抱怨的，你想要我好好算我花了多少錢在你身上嗎？」兩個孩子哭得更厲害了，跑去拿存錢筒把錢挖出來交給了爸爸。

後來我在車上跟先生說，我覺得我們剛才處理這件事情有疏失。先生不以為然，他覺得孩子態度有問題。我認爲孩子表達方法可能可以改進，但孩子不借是因爲以前我們不還錢，讓她們有情緒，這個情緒應該被接納。孩子的情緒，是唯一能夠保護他界線的警報器，如果做父母的老是要壓抑、拆除、貶低、抹滅這個警報器，往後這個警報器就不會作響了。如此一來，孩子有情緒時，就不知道要保護自己。我問先生：「所以往後有像你這樣的長輩跟孩

子要她們不想給的東西，只要長輩大聲一點、讓她們覺得有罪惡感，她們就該給是嗎？」先生沉默不語，回家就去跟女兒們道歉。先生在維護的，就是女兒的「內在權威」。

內在權威，就是人懂得相信自己的情緒，用它來保衛自己界線內的事情。就像女兒覺得借了錢拿不回來有情緒，那下次就不再借了，這是女兒對自己財務負責的表現。因爲自己的感覺和界線內的事，自己最清楚，所以是權威。而又因爲它是保衛自己內在的事，所以叫內在權威。有內在權威的人，不會因爲別人壓抑、拆除、貶低、抹滅自己的情緒，就不相信自己的感覺。他們不會懷疑自己的感覺，所以會肯定自己的情緒，也會保護自己，這樣的人，不會是霸凌的目標。但沒有內在權威的人，卻很容易就招惹霸凌。

懷逸溫文儒雅，他一直都是很聽老師的話的乖寶寶。上了國中，大部分班上同學都去班導家補習，但懷逸家境不太好，就沒有報名。班導師開始挑剔懷逸的作業，私底下說他字寫得不夠漂亮啦、說他字不夠黑啦等。懷逸開始有情緒，他跟爸媽說這個感覺，懷逸爸媽很習慣抹滅他的感覺，媽媽聽完了說：「哎喲，老師這樣說你是希望你更好！你就不要想太多了！好好用功最重要。」懷逸想想也對，就更努力的寫字。結果到了下學期，惡夢才開始。懷逸的老師開始公開羞辱他，說他制服布鞋舊了也不換很髒、說他總是跟不上大家的進度，老師要同學不要跟懷逸走得太近，以免被汙染了。懷逸覺得很丟臉，開始不想去上學，成績一落千丈。孩子沒有內在權威，不懂得相信自己的情緒和感覺，不懂得守衛自己的界線，就是霸凌者的最佳目標。

雅惠從小就被教得沒有內在權威，到哪兒都被欺負，畢業後她任職於一個外貿公司。老闆常常半夜找她開會，或者要她一大早就起床跟國外客戶開會，但沒有內在權威的她不敢抱怨，繼續努力。有一天老闆看到她在公司會議時打瞌睡，竟然過來用檔案夾打她的頭，把她打醒後跟她說：「你會不會太懶了，大白天還打瞌睡。」其實那天是老闆凌晨一點把她叫醒，讓她沒睡好。老闆竟跟她說：「等下開完會，你去我辦公室外罰站。」同事都覺得太過分了，叫雅惠不要理老闆，但她不敢，從小就沒有忤逆過父母的她，竟眞的跑到老闆門外去罰站。

所以，如果你希望孩子不會在學校被老師霸凌、在公司不被老闆霸凌，那你一定要從小就培養他的內在權威。接納他的情緒，教他相信自己的情緒，教他肯定自己界線內的事。如果你不希望你的孩子被老師和老闆霸凌，那你就不該在家裡霸凌他。

選選看：培養孩子的內在權威

1 國中生兒子很不高興父母開他女朋友的玩笑，說她是兒子的小跟班。兒子站在廚房裡用吼的說：「我很不喜歡你們這樣開我朋友的玩笑耶！她不是我的小跟班好不好！你們這些人嘴巴老是那麼賤，眞的很煩耶。」

爸媽應該：

Ⓐ過去打兒子一巴掌，然後跟他說：「你給我閉嘴！」

Ⓑ父母開兒子女友玩笑是越界，應該道歉；但兒子說父母嘴巴賤，也是一種攻擊，也必須道歉。

Ⓒ跟兒子道歉，說你們下次不會再這麼做了。

Ⓓ跟兒子說：「開個玩笑，幹什麼那麼大驚小怪啦！」

解答❶ 父母應該：

Ⓐ過去打兒子一巴掌，然後跟他說：「你給我閉嘴！」

這不但沒有接納孩子的情緒，肯定他的內在權威，而且還侵犯了孩子的身體界線和情緒界線。這樣做，只會毀滅孩子的內在權威。

Ⓑ父母開兒子女友玩笑是越界，應該道歉；但兒子說父母嘴巴賤，也是一種攻擊，也必須道歉。

接納孩子的情緒，肯定他的內在權威。但也同時糾正孩子表達情緒的方式，教育他情緒不等於情緒表達，也教他下次該如何表達自己的情緒，才能更有效的達到溝通的目的。教他怎麼說才不會侵犯到他人的界線，爲自己帶來危險。最後示範一次給孩子看，要怎麼做才對。

跟兒子說，他不喜歡父母開玩笑這個感覺你們接受，並且爲你們越界開兒子女朋友玩笑而道歉。但是兒子說父母嘴巴賤，這是攻擊父母，表達情緒的方式非常無禮，兒子應爲此道歉。下次要表達自己的情緒，記得只講自己的事，不去講別人的事。父母最後告訴兒子他可以這樣說：「爸媽，你們每次開我女朋友的玩笑，我都很難過。能不能請你們不要開她的玩笑，我想預先謝謝你們尊重我的感受。」

Ⓒ 跟兒子道歉，說你們下次不會再這麼做了。

孩子的情緒雖無罪，但他表達這個情緒的方法越界了，需要糾正。如果不糾正孩子，他可能會以爲，到學校也可以這樣跟老師講話，到公司也可以跟老闆這樣講話。那對他來說，是危險的，因爲在學校可能只是被記過，在公司可能就會被炒魷魚。

Ⓓ 跟兒子說：「開個玩笑，幹什麼那麼大驚小怪啦！」

用嘻笑的方式抹滅孩子的情緒，不但如此，還貶低他的情緒是大驚小怪。弄得孩子開始懷疑自己，孩子不肯定自己的情緒，就沒有情緒界線，沒有情緒界線，就沒有內在權威。

2

〔懷逸的故事〕上述的懷逸如果是你的孩子，他回家跟你說老師一直不停的找他麻煩，他覺得很不舒服。

你會怎麼回應：

Ⓐ馬上去找老師、校長，為兒子討回公道！

Ⓑ跟懷逸說：「老師對你更嚴格是希望你更好！你就不要想太多了！好好用功最重要。」

Ⓒ肯定懷逸不舒服的情緒，討論老師做了什麼讓他有這個感覺，再跟懷逸商量接下來處理這件事的對策。

解答❷ 父母應該：

Ⓐ馬上去找老師、校長，為兒子討回公道！

家長只能培養、協助內在權威的建立，卻不能把內在權威給孩子。當我們插手幫孩子完成他們能做到的事時，只有我們的內在權威會增強，但對孩子的內在權威卻是一點幫助也沒有。所以，如果懷逸的家長這次幫他討回公道，往後他受了委屈，他依舊不會爲自己去討公道。

Ⓑ跟懷逸說：「老師對你更嚴格是希望你更好！你就不要想太多了！好好用功最重要。」

華人文化裡常常有一種概念，那就是「痛苦忍過去了，就會有更好的事發生」。忍痛，是為了更好的事。但這並非當初身體設計感覺、情緒的本意。當初身體設計感覺和情緒，是為了要警告我們環境裡有什麼不對勁的事。所以摸到了火會燙，我們會因為燙的感覺而把手收回來保護自己。所以別人惹了我們，我們會不舒服，這個情緒是要警告我們，該做什麼去改變別人對待我們的方法。但我們總以為，忍一忍就過去了，一定會有更好的事情發生。事實卻不然，就像手遇火卻不收手而受傷一樣，在人際關係中，如果我們教孩子忽略情緒界線給的警訊，那他們最後必定會受傷。忽略情緒警訊，就等於是抹滅界線，也就等於沒有內在權威，沒有內在權威的人，人人可以欺壓。

Ⓒ肯定懷逸不舒服的情緒，討論老師做了什麼讓他有這個感覺，再跟懷逸商量接下來處理這件事的對策。

肯定孩子的情緒，自動會帶給孩子自信，它就是培養孩子內在權威的第一步。如此一來，父母用行動跟孩子說明情緒這個警訊的重要性。現在，父母便可以開始教孩子怎麼正確使用情緒。情緒警報器響起時，第一個動作就應該檢查到底發生了什麼事？這個時候，孩子可能只有情緒，卻不知道別人做了什麼事讓他有這個情緒。跟孩子討論，可以幫助他釐清，別人到底做了什麼冒犯了他。等找到了問題的根源，才可能討論出可行的對策。在這一題裡，父母可以讓孩子與他們對話，做角色扮演的練習，讓孩子在家裡先練習一遍該怎麼去學校跟老師溝通。要孩子在家先練習的原因是，孩子溝通的對象是老師，是上位，要確保孩子表達情緒時，不越老師的界線，避免危險。這時，也可以讓孩子知道，如果他做了善意且有效的溝通，老師卻還是不改變對待他的方法，那父母一定會挺他，他無須害怕。

給成人子女的話

如果你在成長的過程中，一直遭受父母霸凌，那你可能會有不同的症狀：

1. 明明知道被別人霸凌，卻沒有勇氣阻止對方。

或

2. 你覺得這個人比你小或地位比你低，你就霸凌他。

不管你是哪一種，你一定會感到自己的人際關係困難重重。如果你能夠指認你是被父母霸凌的孩子，那建議你把自己的情緒界線從父母那裡收回，開始守護自己的界線。年紀小的時候，你需要父母，沒有他們無法生存。現在你已經長大了，不再是那個無助的小孩了。你已經夠大夠強能夠守衛自己的界線了，不要再讓任何人定義你界線裡的任何東西，也不要再向任何人尋求肯定與核准，因為你就是你自己的內在權威。

你會發現，當你從父母那裡把屬於自己的要了回來時，你與其他人的關係，也會開始漸漸梳理清楚，不再困難重重。你會感到不再被一塊巨石壓得喘不過氣來，而能夠輕鬆自在的做那個你想要做的自己。

宇凡的悄悄話——我怎麼知道我沒有在勒索孩子的情緒？

我的妹妹，是一個無可挑剔的好媽媽。她不管睡著或醒著，都在想怎樣做一個好媽媽。有一天，她問我要怎麼知道，父母有沒有在勒索孩子的情緒？她指的是孩子沒禮貌的跟她要水壺，妹妹跟兒子說要好好的問才給，但孩子覺得水壺是他的，所以僵持不下。

那天爸媽和我們在一起，我那個寶貝媽媽一直說，「揍一頓不就好了嗎？」我們家兩代，就開啓了「要不要揍小孩」這個話題。我的寶貝爸爸一見大家開始有點大小聲了，就更努力的滑手機。我們家的小孩，是從小被揍到大的。我必須說，在被揍這事上，我的記憶就是我跑，然後媽拿鞋子扔打，接著我中彈倒地，或是媽的朋友抱著我跑，媽拿著鞋子追在後面的情景，但是，我真的沒有感到心靈有一點點受傷。我想那是因為，我媽的管教是很一致的。就是我們都很清楚，你做A就是會被揍，你做B就是不會被揍。我們很能預測自己何時會被揍。而且，媽媽沒有因為自己有情緒，所以隨便找藉口發洩在我們身上。媽媽說：「揍他是愛他，快帶去廁所揍。」

我轉頭跟媽媽說：「我在諮商家暴時，常聽見被打的人一邊哭一邊說：他揍我是因為他愛我。」我見媽媽打了一個寒顫，她肯定是無法想像自己最寶貝的孫子被別人揍的樣子。妹妹說：「媽，不是每一個人都像你一樣，揍得那麼一致好不好！」

我們聊得很過癮，但是，眼前孩子就是硬要搶「他的」水壺，就是不願意有禮貌的跟媽媽要，這事還是馬上要解決呀！我問妹妹：「水壺是誰買的？」妹馬上懂了，就跟孩子說：「這是我買的，所以你跟我要，就要好好的問。」這個還不滿四歲的小子，竟然說：「那是爸爸賺的錢。」唷，那麼小就會分裂爸媽囉，人的生存本能，真是不可小看。我笑著跟妹妹說：「這就告訴你，爸媽在管教這件事上如果不能站在同一陣線，是多麼可怕。」妹妹馬上補上一句：「爸媽賺的錢，是我們兩個的。」孩子沒轍，但依舊僵持不下，可是，他不再伸手去搶水壺了，妹妹的界線教育，做得很成功。

我跟妹妹說，你沒有在威脅他，因為你說的是自己的決定，你沒有去評論或改變他的情緒，那你就不是在勒索他的情緒。勒索情緒，是你不給他水壺，他不高興，你跟他說：「你在那邊不高興什麼！你怎麼可以不高興！你不准不高興。」這叫情緒勒索。如果把情緒勒索跟愛畫上等號，那將來孩子也可能會誤以為別人威脅他，是為他好，他會誤以為那是愛。那其實不是愛，那是威脅。

半個小時已經過去了，我看孩子快被渴死了，我媽看不下去，很想揍了了事，但是她很用力的按著自己的腿，把自己壓在椅子上，其實她的屁股是飛起來的。孩子突然很有禮貌的要了一塊炸雞來吃，他媽媽說，這就叫作有禮貌、這就叫作好好問，已經快要憋死的外婆馬上送上一塊金黃酥嫩的炸雞腿。孩子轉頭很有禮貌的問他媽媽：「媽媽，你可以給我喝水嗎？」給！好好問馬上給。孩子一口氣就乾掉了半瓶水。

3 孩子跟老闆沒大沒小，遲早會被開除

爸媽沒有情緒界線，孩子就不懂得如何與外在權威相處

祖林已經結婚，小倆口很會亂花錢，不只出國玩，連聽演唱會也要出國，很快的就欠了一屁股卡債。祖林看卡債越滾越大，就回家去跟爸媽拿錢，爸媽說國家退休金減半沒錢了，祖林就說：「喏！要不然你們把要給我的那棟房子先賣了，把現金給我就好。」爸媽說不行，因爲還要靠房子租金養老。祖林說：「哎喲！難道你們就想看著我們餓死嗎？欠那麼多卡債我們哪還得完呀！反正遲早要給我，要不就早點給我啦。」最後父母拗不過祖林，就把房子給賣了，讓祖林去還債。

這就是父母不與孩子分離情緒界線，然後又不肯定自己界線的結果。什麼是父母不肯定自己界線呢？那就是孩子把父母踹痛了，父母不發聲制止；孩子對父母說話沒禮貌，父母沒有糾正；孩子跟父母搶錢，父母沒有反抗；孩子做無理的要求，父母沒有拒絕。孩子做這些越父母界的事，爸媽應該會有情緒，但父母很可能會因爲覺得虧欠、愧疚，或是因爲大家都說要用愛的教育，所以沒有跟孩子說他們其實也是人，踹了也會痛、傷了也會有情緒。情緒＝界線，孩子越界，父母不表達自己的眞實感受，孩子只會一直往界線內踏得更深，最後，

他會以爲父母的界線是屬於他的。那時候，你的錢就是他的錢，你的時間就是他的時間，他不覺得會痛，你怎麼可能痛？他不覺得傷心，你幹麼傷心啦！

因爲爸媽在家好像怎麼踩都沒情緒感覺，這樣的孩子常會以爲老師、老闆也沒感覺。他們會有一種理所當然（entitlement）的概念，他們不知道有可能會遇到比自己更無賴、更凶的人。出了家門他們拿同樣的方法去踩老師和老闆，就有可能會遭遇到危險，傷了自己。

雅晴有一次考試考砸了，她覺得有一題申論題老師不該給她那麼低分，她氣急敗壞的去找老師。老師看了以後，先數落雅雯寫字不端正，再跟她說她哪裡寫得不好。雅晴在家裡向來都是被父母捧在手心，霸道慣了，哪受得了這個氣。她說：「喂，我說你這女人怎那麼囉嗦呀！我不過就找你要點分數，你說那麼多大道理做什麼呀！」很明顯的，在家裡雅晴跟大人這樣說話，從來沒有人糾正過她。她做錯事情，也很少有人給她反饋。所以出了家門，她才會這樣無法接受有建設性的反饋，然後她也以爲可以跟老師這樣講話。

祖林花錢入不敷出，爸媽那邊錢要完了，到了月底手頭又緊了，老婆還是不停的說想去日本看櫻花。沒辦法，他就跑去找老闆預支薪水。老闆並沒有說不給，但老闆覺得要把預支薪水的規則講清楚，然後再跟他說了一些要聰明理財的大道理。祖林聽得不耐煩了，他說：「我也拜託你好不好，不過就預支點薪水，有必要講那麼多嗎？」祖林在家裡搶慣了，以爲到外面也可以搶。

最後雅晴被記過，祖林被開除。如果你不想孩子跟老闆沒大沒小被開除，那你在家就要教育孩子「你的」情緒界線在哪裡，他做了越界的事，你應該要告訴他你哪裡不高興，不要讓他不停的侵入。如果孩子覺得你沒有界線，那要是他出了家門遇到比他更大更凶的人，踩了他不該踩的界線，那受傷的並不是你，眞正受傷的會是他。

選選看：教孩子尊重他人

1 孩子還小，一開始是把玩具全部扔散在地上，兩手插腰看著大人怎麼回應。爸媽覺得小小的他插腰好可愛，一邊笑一邊抱怨，但還是一邊收。接著，孩子吃飯時會把他前面全部的碗盤全掃在地上。爸媽還是一邊罵一邊收。最後，孩子向爸爸衝過來用力往他小腿肚上踢了一腳，爸爸痛得癱在地上。

爸媽應該怎麼回應？

Ⓐ蹲下來跟孩子同等高度，好好跟他解釋，為什麼不可以這樣踢爸爸。

Ⓑ告知孩子，家裡的規定是不可以踢人、打人，如果下一次再打人或踢人，就會罰他，要沒收一個他的玩具加罰坐五分鐘。這次，只是警告。

Ⓒ衝過去也回踢孩子一腳。

Ⓓ跟孩子說：「哎呀！你看你踢痛爸爸了。」不做其他的事。

解答❶ 父母應該：

Ⓐ蹲下來跟孩子同等高度，好好跟他解釋，為什麼不可以這樣踢爸爸。

孩子小的時候，大腦還沒有成長完全，行爲多是小腦在主導的。小腦的世界沒有禮義廉恥，只有排序。那就是，我要怎麼對待一個人，端看他的排序、地位在哪裡，這樣的人我稱之爲「狼」。孩子還小時，他的世界只有排序，因爲他們都是小狼。孩子小時候一切都需要大人，等到夠大了，用小腦在與大人相處的孩子就可能會來爭排序。這是爲什麼西方人總說孩子有terrible two，那就是到了兩歲多，本來溫馴乖巧的孩子，突然叛逆無比。

像這題裡的孩子一開始那樣把玩具丟滿地，就是在測試，他想知道自己的排序在哪裡？

爸媽的排序在哪裡？爸媽幫他收玩具，是疼他、照顧他，這些都是大腦的活動。但是，在孩子的小腦裡，爸媽做這些事，就是排序低的象徵。既然這樣，那孩子就再試試把碗盤掃到地上看看。爸媽還是幫忙收，依舊是本著疼他的心，但在他眼裡，爸媽的排序看起來是比他低，低到他可以去踢爸爸一腳也不會有問題。

既然孩子的這些舉動，是爲了要爭排序，這是爲什麼本來在上位的父母硬要把自己拉成平輩，只會讓問題更嚴重。「蹲下來跟孩子同等高度，好好跟他解釋」都是地位平等的人做的事。其實在上位的人不是平行講話，更無須多做解釋。父母變成了與孩子地位平等，會有幾個後果：

1. 因爲父母的排序沒有孩子高，所以孩子不願受教，父母無法把做人的道理教給孩子，孩子長大就習慣用小腦與人相處，不會做人。
2. 孩子會誤以爲，出了家門碰到老師和老闆時，他們也跟他是平等的。
3. 以小腦排序在跟別人相處的人，命會很苦。因爲這種人是你對他愈好，他就對你愈壞，就像爸媽愈疼孩子，孩子就對爸媽愈壞一樣。這樣的人，不會給他人機會對他們好。

所以跟孩子是要好好的講，但在家中倫理排序沒有奠定之前，在孩子還沒學會怎麼做人之前，不適合這樣低聲下氣的教。

Ⓑ告知孩子，家裡的規定是不可以踢人、打人，如果下一次再打人或踢人，就會罰他，要沒收一個他的玩具加罰坐五分鐘。這次，只是警告。

告知就是不多做解釋，這是排序高的人做的事，這樣做，倫理排序不會亂掉。家裡的規定，就是孩子要遵守的行爲準則，那就是爸媽的界線。清楚的說明孩子該怎麼做，才不會越過這個界線，同時也講清楚，孩子再越界，後果是什麼。孩子小的時候，要這樣做，孩子才不會混淆。這就是教育孩子做人道理的開始。做人道理的教育，就是孩子在與父母互動時，這樣一點一點的教育出來的。會做人，就是一個懂得守衛自己界線，卻同時也能尊重他人界線的人。這是爲什麼花心思教育孩子肯定自己界線和尊重父母界線的人，前面會那麼累，但後面會很輕鬆的原因。

Ⓒ衝過去也回踢孩子一腳。

這樣做，只會越孩子的界線，孩子只能學會：比較大的就可以侵犯比較小的。這樣做，孩子同時學會：生氣的情緒表達，應該動手動腳。

Ⓓ **跟孩子說：「哎呀！你看你踢痛爸爸了。」不做其他的事。**

孩子踢爸爸，就是要知道「我踢痛了你，你會敢對我怎樣嗎？」所以只描述孩子做的事給他聽，是沒有意義的。他想知道的是，那你敢對我怎樣嗎？如果這時父母還是不肯定自己的界線，那孩子就會確定父母的界線一定是歸他所有。現在不把自己與孩子的界線分離清楚、現在父母不肯定自己的界線，那往後孩子就會以爲父母界線裡的都是他的——錢是他的、房子是他的、車子是他的、時間是他的，一切都是他的。

2

〔延續雅晴的故事〕老師給雅晴反饋，雅晴卻回老師：「喂，我說你這女人怎那麼囉嗦呀！我不過就找你要點分數，你說那麼多大道理做什麼呀！」學校輔導室把雅晴叫去，雅晴還是態度不改，最後學校就給她記了一個小過。

爸媽應該如何處理這件事？

Ⓐ **安慰雅晴，讓她不要太難過。**

Ⓑ **打電話去給市議員，請市議員出面幫雅晴討回公道。**

Ⓒ **教育雅晴，被記小過是她與老師溝通不力的結果。教她老師也有界線，如果雅晴越了老師的界線，就會有後果。**

Ⓓ找媒體去學校，報導學校的不公不義。

解答❷父母應該：

Ⓐ安慰雅晴，讓她不要太難過。

其實傷人的是雅晴，是她講出來的話傷了老師，記小過只是她傷人的後果。

Ⓑ打電話去給市議員，請市議員出面幫雅晴討回公道。

如果這樣做，沒贏就算了，如果贏了，雅晴就會以爲只有自己有界線，別人都沒有界線，話想怎樣講就怎樣講。在學校可以打電話給市議員，但等雅晴入了社會上了班，她再如此跟老闆講話，就沒有任何單位會力挺她了。那時雅晴得到的後果，會比學校的小過要嚴重很多。

Ⓒ教育雅晴，被記小過是她與老師溝通不力的結果。教她老師也有界線，如果雅晴越了老師的界線，就會有後果。

我們打仗前要演習，就是要發現可能會出問題的地方在哪裡，這樣，眞正上戰場時，才會有比較充分的準備。因此，學校就是一個未來職場的演習地，那這次雅晴在學校與老師互動的結果，就是告訴父母哪裡出了問題。現在出問題還來得及修正，不要真正到了職場才發現，因爲職場才是眞正的戰場。

緊抓著這次機會教育，父母如果能教雅晴，老師也是人，只要是人都有情緒，所以當雅晴越了老師的界線，老師也會有情緒。老師的職稱是老師，雅晴不可以叫老師「女人」。由於老師是上位，所以老師握有打分數的權利，當雅晴去要這個分數時，就必須遵從老師開的條件。現在雅晴這樣說「我不過就找你要點分數，你說那麼多大道理做什麼呀！」這不叫商量，叫搶。跟上位的人搶東西，很難搶贏的。搶不贏，也可能給自己惹禍上身，是危險的。

Ⓓ 找媒體去學校，報導學校的不公不義。

正義魔人就是這樣教大的，他們在肯定自己情緒界線內的事情時，是不考慮其他人也是有情緒界線的。

由於我們從小見到的負面情緒，都是很可怕的，當家長生氣時，孩子不是被罵就是被揍。因此很多人成爲父母後，不願意帶給孩子同樣的痛苦，所以乾脆就不生氣了。我們會這樣，是因爲我們誤以爲情緒＝情緒的表達。生氣和表達生氣的方式是不一樣的。生氣是別人越了我們的界線，我們自然的身體反應，它只是別人侵犯我們界線的警報器，它無罪。但是，我們表達生氣的方式卻不一定要像以往的父母那樣。其實，生氣的表達不一定要大吼大叫或出手傷人。生氣時，也可以好好講。

如果父母有情緒有感覺，卻不跟小孩講，那父母就沒有辦法跟孩子設立界線。沒有人際界線，就不可能有健康的關係。所以，要讓孩子不以爲跟老師和老闆相處可以沒有界線，隨意侵犯別人，那當孩子侵犯你的界線時，你有情緒就一定要講出來，要肯定自己的情緒。這樣孩子才會了解，原來爸媽是有界線的，那個界線他不能隨便侵犯。將來出了家門，面對了老師和老闆，他才會懂得尊重別人的界線，才不會惹禍上身。

給成人子女的話

如果你發現，你說話做事常惹到自己的上級，那你的父母與你相處，很可能沒有畫清楚界線，所以你才老是弄不清，什麼時候你會踩到上級的地雷。如果你有這樣的情況，建議你做「理清情緒界線」的功課。

宇凡的悄悄話——你排序夠高，孩子才有安全感

我的兩個女兒成長時，我是分別用兩種方法教的，一個是我懂界線前、一個是我懂界線後。我在帶大女兒時，看了很多教育書籍，覺得做一個好母親，就是我做什麼決定，要很清楚的解釋給她聽。為了表示對她的尊重，我也常常與她討論所有事，我常會跟她說：「媽媽決定這樣做，是因為……」「你不可以這樣子跟媽媽講話，因為……」。由於我覺得那種很精明的媽媽，常常會教出什麼都不會的小孩，所以我也常常裝不懂，讓她自己想法子。她從小就很像小大人，一起討論我們該去哪裡，我和先生討論家裡的決定，她會搬椅子過來參與。對於她妹妹要如何管教，她也常常有意見。小女兒長大時，我已經懂了什麼是她界線內的事、什麼是我界線內的事，我因此很少跟小女兒解釋和討論我界線內的決定。然後小女兒長大時，我的技能是真的比較豐富了，我會就說會，不會就跟她說我會找到方法處理。

大女兒常很超齡的焦慮、擔心一些事情。比如，友人過節來拜訪，女兒從窗口見他們到了，會很焦慮和緊張的開始找禮物，因為她很確信媽媽一定沒有好好準備別人的禮物。而且，她想找的禮物，還不能是小孩子挑的那種，一定要像是大人挑的。然後她很喜歡挑剔我做的事，她常因為對我講話很像是我媽在對我說教而受

罰。在外面一向很有禮貌的她，卻動不動脫口叫我「女人！（woman!）」。罰了依舊再犯，然後對那些她受罰的事，懷恨在心，可以想見，我們的關係很容易不穩定。小女兒不容易焦慮，很容易快樂，很少越我的界，對我很有禮貌，因此我們的關係很穩定。

有一天，我跟大女兒在諮商治療，大女兒跟我聊到一件我們倆都記憶猶存的事。那件事一開始是我跟大女兒在聊小女兒學校裡的事，大女兒突然脫口說：「哎喲，你可不可以不要那麼像直昇機媽媽（helicopter mom）？」我就急了，開始爭辯：「我從不要求她成績、從不插手她選課，再放手，我就根本不是個媽了。」接下來，我就像隻博美狗亂叫一通，最後還唏哩嘩啦的哭了。大女兒說她覺得我這件事處理得不對，我跟她說：「要討論什麼事你好好講，你不該給我貼標籤。」她就說：「那你就更正我講話的方法就好了呀，但是，難道你不覺得我講的有道理嗎？」我突然知道問題所在了。當初大女兒指控我是直昇機媽媽，我根本不應該跟她爭辯，而要直接跟她說：「我沒請你評論我是一個什麼樣的媽」或「我沒請你給我意見」。這樣就不會有下面的互動了。

我們與孩子討論他們界線內的決定，是尊重她們的意見。但是，大女兒很小以來，我也習慣跟她討論「我」界線內的決定。一開始我是以為這就是尊重，後來我即使當了諮商師，知道大人讓小孩介入大人界線內的事不是好事，但也已養成了習慣。說老實話，我是常常跟大女兒討論要怎麼帶她妹妹。我在想，一個那麼小的孩子見到大人老是問她「我該怎麼做？」她一定想「這女人怎麼那麼弱，什麼都不會，都要問我！」孩子一定非常沒有安全感。難怪，她從小就有一大堆超齡的憂慮。難怪她超級負責、不可思議的自律。也難怪她自小就愛跟我槓、愛跟我爭、愛挑剔我。難怪她崇拜我崇拜得半死，卻從來不聽我勸。那是因為，在她眼裡，我什麼都要問她，然後一有衝突我就是隻博美狗，就是排序低。排序低的，是不可能保護孩子的，難怪她事事都要自己來，因為生存只能靠自己。

如果我想帶給她安全感，讓她能安心的做一個孩子，那我一定要夠強。也就是說，「我」界線內的事，我不跟她討論、不跟她解釋，我只告知。「我為什麼決定要這樣做」不需要給孩子解釋、不需要跟孩子討論。「你不能這樣跟媽媽講話」，沒有為什麼，你就是不能。我界線內的決定，不需要她操心。她不操心大人的事，才可能好好的、快快樂樂的，做一個孩子。

要給孩子帶來安全感，並不一定是父母什麼都要會，但是，如果父母什麼都不會，那孩子肯定不會有安全感。教孩子和吃東西一樣，中庸真的是王道。所以，如果父母想避免跟孩子之間出現權力鬥爭，就不要一天到晚跟孩子討論和解釋「父母界線」內的事。如果你不把你界線內的權力讓出去給孩子，然後你又不去跟孩子搶他界線內的權力，你們之間就會只有和平，沒有鬥爭。

4 別讓孩子誤以為跟老闆是朋友

有技巧的與外在權威相處

明哲會進這家大型公司，是學長介紹他進來的，學長就是他的直屬主管。由於明哲跟學長很熟，所以平時明哲把學長當哥兒們，什麼話都跟學長說，包括他對其他同事的不滿，也都不保留。進公司三年後，學長有一個很好的升遷機會，可以帶一個自己人去那個部門，那個人的職等也算是晉升。明哲很爲學長高興，由於他跟學長很好，他覺得學長一定會帶著他一起升遷。沒想到，學長最後竟然帶了明哲平時最討厭的一個同事。這個他討厭的同事升了以後，明哲有時還需要跟他報告事情。明哲不敢相信學長竟然這樣背叛他，他跑去質問學長，學長很老實的跟明哲說：「明哲，你每一年的考績都在他（他討厭的同事）之下。工作能力就是工作能力，跟我們的交情無關呀！」

朋友是平等的，但職場上的職位是不平等的，只要冠上了職稱，它就有隨之而來的職權。這個職權，就是「外在權威」。有外在權威的人，會因爲他的職稱所帶來的權利而有能力影響他權利所管轄之人的生活。比如，你超速，警察可以開你罰單。又比如，老師可以給你打分數，或者老闆可以給考績扣薪水。他們能對我們做這些事，是因爲他們有外在權威。

如果父母跟孩子在家相處像平等的朋友，孩子就不知道外頭有人會有外在權威，而這個外在權威能夠影響到他的生活。如果父母不在家裡示範外在權威的力量，那父母就無法教孩子如何讓孩子的內在權威與外在權威和平相處。有了頭銜就自然帶有這個職權，它是一個沒有「爲什麼」的事實，但如果孩子不了解這個事實，那他就會不停的問：「憑什麼？爲什麼？」

淑玲的家是很民主的，父母跟孩子相處，向來是像朋友一樣。所以，父母跟淑玲無話不談。淑玲上國二時換了一個班導師，家長覺得老師教學方式太死板了，沒有創意，他們最不喜歡的就是這個老師那種上對下的說話態度。父母參加家長會回家後，把他們對老師的看法跟淑玲一五一十的分享，他們還說覺得這樣的老師對孩子的啓發過少，不知道對淑玲的未來會有什麼影響。那之後，淑玲去問老師問題，老師回答得比較簡短，淑玲就覺得是因爲老師教學沒有啓發、不認眞。或者老師對淑玲的作文文法上的修改，淑玲會覺得不以爲然。久了，淑玲對老師的不滿，老師可以感受得到，最後老師也開始對淑玲不滿了。那之後，淑玲不管做什麼，老師都要挑剔。她們對彼此的不滿，最終進入了惡性循環，從學業演變成了關係問題。本來功課很好的淑

頭銜
憑什麼？
老師就是可以打分數
老闆就是可以打考績

玲，卻因爲跟老師的相處出了問題，而開始不喜歡上學了。

父母是孩子的第一個外在權威，如果父母硬要在家裡跟孩子做朋友，孩子就錯失了學習如何與外在權威相處的機會。因爲孩子在家沒學到這個技能，他到了學校，就會以爲他跟老師是平等的。當老師因爲職權而有權批評他的作業、有權給他的作文低分時，孩子就無法把老師的批評和分數當作反饋，用它來精進自己。由於孩子覺得跟老師是平等的，被老師批評了，孩子就會覺得「不公平！」如果在學校，孩子又錯失了與外在權威相處的磨練，等他進入了工作，就會以爲自己跟老闆也是平等的。這時老闆給他的評語，他不會當眞，他不會問自己應該如何改進？如果老闆因此而比較喜歡別的員工時，他就只會覺得「不公平！」

外在權威沒有什麼平等可言，這個權威並不是這個人與生俱來的，或是他做了什麼好事贏得的。外在權威，就是只要有職稱，它隨即附帶有職權。如果孩子只花精力和時間去覺得這實在不公平，憑什麼他可以批評我？憑什麼他可以給我低分？那他就會無法學習到跟外在權威相處的技巧，他就不會聆聽外在權威想要告訴他的話，他更不會知道當他自己的內在權威撞上外在權威時，應該怎麼辦？最後孩子除了只能抱怨不公平外，也無技可施。

所以如果你希望自己的孩子能夠有技巧、和平的與外在權威相處，那就要在家裡當好一個外在權威。讓孩子了解，有了這個爸媽的頭銜，它隨之而來的就有這麼多權利。如果孩子想要在外在權威下，施展自己的抱負、取得自己想要的資源、守衛自己的內在權威，那他就應該要學會如何有效的溝通、如何有效的與外在權威相處。

選選看：如何與外在權威相處

1 建鋒的家長都是國外留學回來的，他們希望孩子在民主的環境下成長，所以都有習慣跟五歲的建鋒討論家裡的規定，甚至懲罰的方式也都跟他商量。比如，他們會跟建鋒說：「那你覺得我們應該罰你站多久？」接著就是一個討價還價的過程。要不然就是父母說：「不可以這樣。」建鋒就會回：「可是我就喜歡這樣！」最大的問題是，在這樣開放民主的生活環境中，建鋒最喜歡掛在嘴上的一句話竟是：「你們太不公平了！」建鋒常常會覺得自己被罰得很無辜、很可憐。他並不是一個開朗快樂的孩子，而是一個陰沉、防禦心很強的孩子。他的幼稚園老師常跟建鋒的父母反應，她很難與建鋒建立互信關係，她說，不管她做什麼，建鋒都覺得不公平。

建鋒的父母該怎麼做？

Ⓐ在家裡給建鋒完全的自由，不給規定。

Ⓑ家裡的規定由家長設立，不跟建鋒商量。

Ⓒ請幼稚園老師包容一下。

Ⓓ幫建鋒換幼稚園。

解答❶ 父母應該：

Ⓐ 在家裡給建鋒完全的自由，不給規定。

孩子長大進入學校念書、公司工作，都有必須遵守的規範，這些規範都會是外在權威所訂定與執行的。所以，做父母的如果在家裡能夠訂立家規，那孩子在進入學校和公司時，就不會覺得適應不良。家規不需要很死板，也不需要多，它可以就是幾個家庭成員在家裡相處的大原則，比如不能撒謊、互相尊重界線、自己的事情自己負責等。主要是希望孩子能理解，外在權威有設定規則的權利，但是，這個規則卻不應侵犯到孩子的內在權威。

Ⓑ 家裡的規定由家長設立，不跟建鋒商量。

建鋒還很小，這個年紀的孩子很需要有人領導。如果現在不讓建鋒理解，外在權威就是可以設立規定，往後老師和老闆規範他，他就會覺得很不公平，總覺得自己被欺壓。說到底，設立家規實在不該是孩子要操心的事。

Ⓒ 請幼稚園老師包容一下。

如果建鋒的老師包容他，建鋒就會繼續覺得外在權威跟他其實是平輩，什麼事都要跟他商量。等未來他換了老師、或長大了有新的老闆，他們如果不跟他商量，直接要求他，建鋒就更無法承受，覺得整個世界都欠他，他會更不快樂。

Ⓓ 幫建鋒換幼稚園。

如果父母幫建鋒換幼稚園，建鋒就會誤以為，幼稚園設有規定是錯的。如果他去的幼稚園跟他家裡的環境是一樣的，那建鋒一定會適應得比較好。問題是，總有一天他必須走出這樣的環境，進入一個不一樣的世界。在一般的學校和公司，有層級、有外在權威。很多規定，都是上層或外在權威設定的，他們設定時，並不需要跟其他人商討。建鋒總有一天要接觸到這樣的社會，而這樣的社會跟他的家庭和學校是完全不一樣的，只要是不一樣的，建鋒都必須花時間去適應、調適，如果他成功調適，那很好，如果他無法成功調適，那就會很痛苦。

2

美琳剛上高二，她今年選上了學生會長。由於學生會事務很繁忙，所以她近期回家常趕不上門禁時間。當她第三次因此被爸媽沒收手機時，美琳急哭了，尖聲的說：「當初競

選學生會會長，你們明明就有鼓勵我去，現在選上了，我的工作就是那麼多，常常要在學校裡才能做，因爲學生會有很多人要一起討論。我又不是故意不回家的，你們爲什麼那麼不通情達理？爲什麼總是要找我麻煩？」

美琳的父母該怎麼做？

Ⓐ 延長沒收手機的時間。

Ⓑ 跟美琳抱怨：「爸媽辛苦的把你養大，你就是這樣跟我們講話嗎？」然後媽媽哭、爸爸吼，美琳沉默了，最後這事不了了之。

Ⓒ 接納美琳的情緒，糾正她表達情緒的方式。教她如何從外在權威取得想要的改變。

Ⓓ 美琳反抗得很厲害，所以爸媽馬上就說那算了，以後美琳要幾點回來都可以。

解答❷父母應該：

Ⓐ 延長沒收手機的時間。

美琳出現的情緒是眞實的，做父母的如果接納孩子的情緒，就會仔細思考，她這個情緒哪裡來的。美琳會急哭，是因爲她現在的工作與家裡的門禁出現了牴觸。孩子在成長的過程裡，唯一的不變就是急速的改變，因此，規定常常必須修改，才能跟上孩子成長的腳步。所以，墨守成規堅持原本的規定，就是用死的東西去限制活人的生活。家長在這時應該考慮修改規定。孩子已經大了，能夠溝通表達，也有我們教育的價值觀，可以一起商討要如何做，才能既保障美琳的安全，又能夠給她更多空間去探索世界。

如果在這樣的時刻家長還因循守舊，那就有可能到孩子已經三、四十歲時，還不停的限制他們的自由，不給孩子探索世界和生命的機會。除此之外，這樣的孩子，長大以後面對外在權威的不合理要求時，也會不知道如何溝通和爭取改變，對未來工作的發展，有很負面的影響。

Ⓑ跟美琳抱怨：「爸媽辛苦的把你養大，你就是這樣跟我們講話嗎？」然後媽媽哭、爸爸吼，美琳沉默了，最後這事不了了之。

美琳這次溝通時，表達方式是有問題沒有錯，她說話時，越了爸媽的界線，爸媽因此而出現情緒，是可以理解的。但是，父母除了要清楚的表達自己的情緒外，最重要的一件事，其實是要講清楚孩子到底要怎麼做才對。因爲，只有父母講清楚美琳到底要怎麼做才對，才眞正達到教育的目的。如果父母有情緒，不是哭鬧就是吼叫，孩子頂多只能了解到她哪裡做錯了，卻還是不知道往後要怎麼做才對。因爲孩子沒學到到底要怎麼做才對，這個媽媽哭、爸爸吼、美琳沉默的戲碼，往後還會重複上演。

ⓒ接納美琳的情緒，糾正她表達情緒的方式。教她如何從外在權威取得想要的改變。

美琳有情緒無罪，但她這次表達情緒的方式有改進的空間。美琳對父母說：「我又不是故意不回家的，你們爲什麼那麼不通情達理？爲什麼總是要找我麻煩？」她把父母罰她這個舉動，說成是他們「不通情達理」「要找她麻煩」。我們做出來的事，形同進入公共領域，各方都可以討論。但是我們「爲什麼」做這件事，是用意，用意是在界線裡的事。也就是說，美琳可以討論父母沒收她手機這件事，但是，她卻說父母做這件事是因爲他們「不通情達理」或是「要找她麻煩」，這是在定義別人的用意，一定越界。別人「爲什麼」做一件事，是別人腦子裡的事，我們只要一碰就會越界，引發別人的情緒警報大響。所以，美琳這樣表達自己的情緒是不智的。

其實美琳會有情緒，是因爲她有實際的需求無法解決，需要父母配合修正。這才是美琳情緒需要她改變的地方，那她的溝通就應該要有策略。她要想，我該怎麼講，才可以得到我想要的，那麼越父母的界、惹他們生氣，就不是一個好方法。父母這時可以示範給美琳看，教她該怎麼說：「爸媽，當初你們設定這個門禁時間，一定有它的道理。但是，現在這個門禁時間已經影響到我學生會的工作了，你們可不可以給我一點彈性？我保證一定會隨時回報能夠到家的時間。」

孩子與父母意見相左，或是他們有情緒，做父母的絕不打壓意見、情緒一概接納。但是，孩子必須用對的方式表達，只要表達方法是對的，家長應該聆聽。如果孩子開始以不禮貌方式或是攻擊的方式表達意見，那就沒什麼好討論的。這樣做，能夠教育孩子，如何使用自己的情緒，在不越界的情況下，跟老師和老闆商量事情，好取得自己所需要的東西。

畢竟，家庭教育的目的之一，是在教育內在權威如何與外在權威和平相處。

Ⓓ美琳反抗得很厲害，所以爸媽馬上就說那算了，以後美琳要幾點回來都可以。

這樣做最大的風險就是，美琳會以為要取得改變，一定要用這種大聲攻擊的溝通方法才可以達到目的。這樣的孩子在學校在工作，老是會想用負面的方法得到注意力。問題是，美琳在家裡越界，父母可以原諒，但她如果越老師和老闆的界，別人不一定會原諒她。

3

〔延續淑玲的故事〕淑玲的父母分享他們對老師的負面看法，造成了淑玲對老師的既定印象，演變成了淑玲與老師之間的惡劣關係。現在，學校裡或校外有什麼好的競賽機會，老師都給別的同學，從不考慮淑玲。老師是淑玲的外在權威，所以淑玲覺得自己在學校做任何事都寸步難行。淑玲滿腹委屈，卻不知該怎麼辦，開始對學業愈來愈沒有興趣了。

淑玲的爸媽應該怎麼做？

Ⓐ安慰淑玲，跟著她一起在老師背後罵老師。

Ⓑ直接去找校長，讓校長壓迫老師。

Ⓒ接納淑玲委屈的情緒，說明外在權威的職權對淑玲生活的影響，教導淑玲如何與老師溝通，改善關係。

Ⓓ要淑玲忍一忍，下學期就換班導師了。

解答❸父母應該：

Ⓐ安慰淑玲，跟著她一起在老師背後罵老師。

安慰朋友，最能讓朋友感到他的情緒被接納的方法，就是一起罵那個讓他有情緒的人。安慰朋友，這眞是好方法。但是，如果孩子還小，還無法分辨，父母這樣做，孩子會誤以爲父母是同輩、是朋友。就好像父母沒有過濾，就在孩子面前評論老師一樣，孩子會以爲父母跟他是同輩，因爲同輩的人才會這樣講話，既然這樣，那老師一定也跟他是同輩。這就是淑玲面對的問題所在。

老師並不是萬能的，一定會有缺陷。但是，如果父母不過濾的在孩子面前評論老師，孩子會用一種我來審查老師的角度看待老師。這個角度，老師感受得到，只要老師有這樣的感受，通常都會防備這樣的孩子。這並不是促成一個好關係的開始。如果孩子有這樣的習慣，他在進入職場後，也會以爲自己是老闆的評審。同樣的，用這種角度在跟老闆相處的員工，很難與老闆建立良好的關係。

建議父母，讓孩子與老師自然的建立關係，不要介入或主導。老師也是人，就像老闆也是人，人都不喜歡親近審判自己的人。所以如果你希望孩子能夠與老師和老闆打好關係，那在孩子小的時候當著他面前討論老師，就要有些過濾。

Ⓑ直接去找校長，讓校長壓迫老師。

這樣做，老師和孩子之間的關係只會更緊張。孩子還是無法學會，要如何扭轉與老師之間的關係。

Ⓒ接納淑玲委屈的情緒，說明外在權威的職權對淑玲生活的影響，教導淑玲如何與老師溝通，改善關係。

淑玲覺得委屈是自然的，爸媽應該接納肯定淑玲的情緒。但是，做父母的也應該要跟淑玲解釋，爲什麼有職稱的人就有外在權威，而這個職權會對淑玲的生活產生什麼樣的影響。既然老師和淑玲之間有關係的裂痕，現在要教淑玲如何修補這個關係。要改善這個關係，淑玲必須先放下對老師的成見。教她：老師和老闆都不是萬能的，在面對外在權威時，最好的方法是「學別人好的地方、不挑剔別人不好的地方」。然後，有任何需求，都先想好再以比較謙卑的態度溝通。比如，淑玲可以去跟老師說：「老師，我也想有一些在校外比賽的機會，你能不能教我，我應該具備什麼樣的條件才能出賽？」你會問，那如果老師一樣堅持不改變呢？如果孩子嘗試改善關係，老師還是堅持不改，而且不改是因爲價值觀的差異造成的，那孩子就要學習接受這樣的事實。在學校，總有換老師的時候，在工作上，孩子也有權更換工作。

舉一個例子，我大女兒在高二時碰到了一個英文老師，批改英文作業時，常不是以英文寫作技巧給分，而是以文章內容觀點給分。女兒的政治見解與老師相左，所以分數老是被打得很低。她去跟老師溝通這件事，老師說他覺得分數就是要這樣給。我問女兒，要不要我出面幫忙？女兒說：「媽媽，這是價値觀不同所產生的歧見，你出面也沒有用。我跟老師最後決定我們在這事上就是有歧見。」那堂課，女兒得了一個B，但她沒有失去自己的內在權威，也習得了外在權威有時就是會影響她的生活，她已盡力改善情況，這本身就是學習。在眞實生活裡也是這樣，我們能夠盡力溝通，卻不一定會有我們要的結果。下一個學年，女兒的英文老師換了，但是，女兒創建的社團辦活動時，原本那位英文老師還來幫她站台。

Ⓓ要淑玲忍一忍，下學期就換班導師了。

如果我們覺得，在學校裡，功課最重要，所以孩子碰到這種會影響情緒和課業的事，最好趕快剷除。如果不能換班導，那就要孩子換情緒。這是一個錯誤使用學校的習慣。其實，課業知識在這個時代隨手可得，但是，在孩子進入社會工作前，與人相處最重要的技能，都只能在家裡習得，在學校演練。所以，淑玲現在遇到的問題，是一個難能可貴的機會教育。如果淑玲能在學校裡扭轉與老師的關係，未來她也可以預防與老闆陷入同樣的關係，或者未來她也能扭轉自己與老闆的關係。這是多麼有力量的事，這是一個內在權威與外在權威相處的機會。但是如果我們把這個機會消滅了，那下一次淑玲遇到與老闆關係出現瓶頸時，她就會不知所措、她依舊只能感到委屈，那時她就只能忍一忍，因爲這就是父母在她小時候唯一教她做的事。

給成人子女的話

如果你的父母沒有在家裡設立外在權威的典範，你與老師或與老闆相處時，就必須自己調適。在你調適的時候，你會漸漸認識：

・外在權威能夠影響你的生活

外在權威比如你的老師或老闆，手上都握有一些你沒有的權利，可以要求你完成哪些工作，給你完成的工作下評論。如果你們之間有歧見，你必須下功夫去做有效的溝通。要不然，你與老師和老闆之間就會衝突連連，永無寧日。如果你不能解決這個衝突，在學校最嚴重的可能是被退學，在公司最嚴重的就是被炒魷魚。

・外在權威的職權只限專業領域

外在權威的職權是有限制的，只限於專業領域。比如，老師在校有職權能打分數、要求學生交作業，但老師沒有權利管學生喜歡聽什麼音樂、喜歡吃酸的還是喝辣的。老闆有權在專業決定上做最後的裁決，但員工家裡要放什麼風格的家具、員工下班後想去哪裡玩、怎麼跟老婆老公相處，老闆無權置評。如果這個外在權威延伸過度，出了專業領域，侵犯了你的情緒界線，那你也必須做有效的溝通，要不然你的外在權威最終會把內在權威給吞掉。

・外在權威不是萬能的

就因為外在權威是有權限的，老師或老闆在權限以外的事情，不一定都懂，也沒權管，所以外在權威並不是萬能的。就像你的父母不是萬能的一樣，他們生下你，就自動變成了父母，但這不代表他們什麼都懂都會。就因為他們不是萬能的，所以你對他們的期盼也應該有限，你不應該以為你的外在權威能夠照顧你一輩子。

我常見學生或員工認為老師或老闆是萬能的，所以他們任由老師或老闆踐踏自己的內在權威，而且他們也同時期盼自己有什麼問題時，老師或老闆能夠拯救他們。這就變成了老師管學生交男女朋友，員工下班了老闆還是狂call。同時學生因為私事而沒有考好或沒交作業，卻希望老師網開一面，員工自己濫賭欠債，卻期盼老闆能預支薪水緩解債務壓力。其實，外在權威的職權是有限制的。孩子到底想要念什麼科系，家長不該主掌；學生做的事與學業無關，老師不應該操心；而下了班的時間是屬於員工的，老闆不應隨意占用。同時，內在權威對自己界線內的事情是應該全然負責的。也就是孩子房貸繳不繳得出來，不是父母的事、學生因私事拖延無法交作業，不是老師的事、員工濫賭欠債，也不是老闆的事。

頭銜
憑什麼？
只限於專業領域
老師就是可以打分數
老闆就是可以打考績

宇凡的悄悄話——內容不是重點，氣勢才是

正在爭排序的孩子（小狼）講的話，跟真正要溝通交流孩子（小人）講的話，是不一樣的。小狼與父母爭排序的高峰期，多是在青少年時期。小狼講的話，會變來變去，誇大不實，一下不滿意這個、一下不喜歡那個。你就算真正有心聆聽他的感受和情緒，也找不到頭緒。你會為孩子的這個情緒道了歉後，接著又要交待認罪他另外一個情緒。因為要爭排序的小狼，說話的內容不是要拿來交流的，只是要拿來爭排序的。小人講的話不一樣，他會針對一個情緒做溝通，等他的情緒得到接納後，這件事就真正的結束了，他不會把他整個童年拖出來一一鬥爭。

父母畢竟不是老闆，因為父母是那個把孩子把屎把尿帶大的人，我們與孩子的情感連結，刻骨銘心不足以形容。就因為有如此深刻的情感連結，所以如果孩子從小跟父母的倫理排序就亂掉了，孩子爭排序時講出來的話，就會跟被小紅衛兵鬥爭沒有什麼兩樣，因為孩子手裡有的子彈，常常是最要命的。那些話聽在父母的耳裡，定是無比的心寒，聽多了有想上吊的衝動。也因此，當孩子要來跟父母爭排序時，很少有父母能頂得住，不中途軟弱。

如果你的孩子是小狼，而且他正在跟你爭排序，那你要記得，內容不是重點，氣勢才是。所以當孩子指控你、汙蔑你、指責你、怪罪你時，你一定會生氣、傷心，但切記不要變成又哭又叫的博美狗。因為你一變成了博美狗，你的排序就低了。排

序低的人，是不能保護孩子，是活該被踐踏的。所以，你要冷靜的告訴自己，你在跟小狼講話，不是在跟小人講話。你要讓小狼講的話，飛過你的耳朵，掉在你身後的地上。等他講完了以後，你再下結論。因為下結論的人，才是排序高的。不要忘了，只有你排序夠高，孩子才可能覺得安全，他才可能平靜。

你會問，「那我不就變成了上一輩那樣嗎？我的父母也從不聆聽我的感受！」我讓你把話飛過去掉地上，別把說話的內容當重點，是因為小狼講話並不是以交流為目的，所以你也別往心裡去，別東想西想想到晚上睡不著，因為你氣死了，你的小狼也不知道自己正在爭排序。所以那些「你總是這樣對我」「你根本不愛我」「你都只對別人好」「你偏心」這種話，你就直接省略，抓你能就事論事的事情來講。

我要你下的結論，是那些必須能夠真正解決你們現在關係問題的方法。如果問題是，孩子一來按你按鈕，你就變成博美狗。那你就要跟孩子說，你不能對我這樣說話，如果我因此而失去控制而暴怒，那請你跟我說：「我出去冷靜一下。」我聽到這句話就知道怎麼回事了，我們就都各自冷靜。如果你們關係的問題是，你有什麼不高興，都是悶著不講，那你必須承擔責任，答應改變。孩子該擔的他要擔，你該扛的你要扛，這就是我所謂的氣勢，一個首領該有的氣勢。

如果你老是跟孩子在內容上死纏爛打，把那些拿來鬥爭你的內容往心裡去，那你就是弱，你就不像是個排序高可以保護孩子的人。那你就不能怪孩子要來跟你爭排序，那你活該被鬥。記得，內容不是重點，氣勢才是。做父母的，就要有首領樣。

5 別讓孩子習於忍受無理謾罵的老闆

攻擊式溝通↓有建設性的溝通

小綱是一個和氣的人，說話輕聲細語的，他剛調到新的部門，遇到了一個嗓門很大的新老闆。小綱才剛到，很多事不熟悉，有一次簡報寫錯了幾個字，老闆就開罵了：「你腦殘呀？到底有沒有在用心呀？這樣也可以寫錯！」同事見狀，都很為小綱叫屈，並鼓勵他反抗，小綱就說：「哎呀！沒關係啦，我爸在家也是這樣對我講話，我習慣了。」

小綱做錯事，老闆生氣沒有罪，但表達生氣的方式應該要調整。因為現在老闆所使用的溝通方法，已經侵犯到小綱了，這種溝通方式叫「攻擊式溝通」。小綱做錯事，是專業範圍內的事，老闆糾正他所做的事是天經地義的。但是，老闆罵小綱腦殘，就已經不再是講工作上的事了，罵人家腦殘是人身攻擊。這種越界的溝通方法，就是「攻擊式溝通」。

打人、罵人這種人身攻擊都很容易指認，但如果這個人不是大吼大叫，是用很和氣的方式來言語攻擊呢？如果是用開玩笑的方式呢？人身攻擊，就是別人拿你界線裡的事來講。如果我們把界線想像成腳下的一個圈圈，而這個圈圈裡放的是我們的價值觀、偏好／喜好、意見、夢想、用意、決定，人身攻擊，攻擊的就是這些圈圈裡放的東西。而小綱的腦子，就是在他的界線裡。

有些人身攻擊很好指認，好像老闆罵小綱腦殘，或是有人說「你這個人怎麼那麼笨？」「你怎麼那麼懶？」通常只要有「你」出現，八九不離十的就是人身攻擊。但是，有些人身攻擊並不好指認。還記得懷逸嗎？那個因爲家境不好而沒有去老師家補習的學生。有一天老師把懷逸找來，她說：「懷逸，我知道你家境不好，通常家境不好的學生家長，都不是很了解學生

攻擊式溝通：句子都是由「你」開頭的溝通方式，說的都是別人界線裡的事。

我們腦子裡的事，都是我們界線內的事

需要什麼才能成功，所以老師要勸你回去教育一下你的父母，你這樣課後不來補習，對你的未來會有很負面的影響。」懷逸覺得老師看不起自己的父母，生氣了，他沉著臉說：「我們雖然家境不好，但這不表示我父母文化水準不高。」老師看懷逸生氣了，就笑著說：「懷逸呀，老師關心你才跟你講這些，你有什麼好生氣的？我看你這個脾氣應該要改一改。」

老師沒有大吼大叫，而是用關心的口吻在跟懷逸講話，但是，因爲懷逸的父母「有沒有能力了解懷逸的需求」，不是老師應該置評的，所以這還是攻擊式溝通。攻擊式溝通就是講話時侵犯別人的界線，別人的界線被侵犯，就一定會有情緒，所以懷逸自然會生氣。懷逸生氣之後，老師還要越界的去評論懷逸是不是該生氣、還要把自己的越界講成是關心。問題是，懷逸的情緒在他的界線內，他要不要生氣，是他的事，不是老師的事，老師越界去評論這件事，她還是在攻擊懷逸。

我們把孩子辛苦的栽培長大，並不是希望孩子在工作上被當狗一樣的罵，我們更不希望孩子被用關心包裝後的言語攻擊。如果我們不希望孩子以爲在上位、有外在權威的人就有權罵人、攻擊人，那我們在家裡就要避免用同樣的方法跟孩子講話。

＊你覺得這樣講，是給反饋，還是攻擊？請打勾。

	言語	反饋	攻擊
①	你再這樣我要叫警察囉		
②	你就是不聽我的，痛了吧！活該！		
③	你就是不能接受人家的意見，所謂忠言逆耳知道吧？		
④	你對我們撒謊，我們覺得很失望		
⑤	你這樣做，真的很不孝耶		
⑥	年輕人看事情就是不太全面，也不能怪你，誰叫你年紀還小		
⑦	我希望你下次能先徵求我的同意，才答應別人		
⑧	你是笨還是怎樣，為什麼怎麼教都不會呀？		
⑨	你交的這些狐朋狗友，都把你帶壞了		
⑩	你喜歡的這個科系，畢業後真的賺不到錢，很難養家活口。我們是關心你才勸你要改選一個科系的。		

解答

	言語	答案	解釋
①	你再這樣我要叫警察囉	攻擊	這是威脅的口氣，任何威脅都是挾持人身安全的舉動，一定帶有攻擊性。孩子除了怕，卻還是不知到底要怎麼做才對。是一個很無效的溝通方式。
②	你就是不聽我的，痛了吧！活該！	攻擊	罵人家活該，是人身攻擊，並沒有討論事情本身。你講過的事孩子還是照做了，最好讓他自己分析哪裡出了問題，再讓孩子自己決定，下次該怎麼做。這才是教育。罵別人活該，不是教育。
③	你就是不能接受人家的意見，所謂忠言逆耳知道吧？	攻擊	其實一個人願不願意接受別人意見，是他界線內的事，別人只要置評，就越界了。
④	你對我們撒謊，我們覺得很失望	反饋	只對事、不對人。只說自己的情緒。這就是反饋。
⑤	你這樣做，真的很不孝耶	攻擊	人做了一件事影響到他人，那件事可以討論，但人「為什麼」做這件事，是人家腦子裡的事，只要一置評定義，一定越界。人做這件事，到底是不是因為他不孝，是他界線內的事，不是別人可以置評的。

⑥	年輕人看事情就是不太全面，也不能怪你，誰叫你年紀還小	攻擊	雖然好像是關心，但它依舊是給人貼標籤，說人家「太年輕、太小」，跟說人家「很笨」「很醜」是一樣的。
⑦	我希望你下次能先徵求我的同意，才答應別人	反饋	對事不對人，而且還給了下次別人能使用的解決辦法。
⑧	你是笨還是怎樣，為什麼怎麼教都不會呀？	攻擊	貼標籤
⑨	你交的這些狐朋狗友，都把你帶壞了	攻擊	別人的朋友是他界線裡的事，別人只要置評，都是越界。
⑩	你喜歡的這個科系，畢業後真的賺不到錢，很難養家活口。我們是關心你才勸你要改選一個科系的。	看情況	如果當初孩子有問你對這個科系有什麼看法？或是你要出錢去讓孩子念這個科系，你這就叫反饋，你只是在提供你對這科系的看法。但如果當初孩子沒有問你對這科系有什麼看法，或你不是出錢讓他去念書的人，你這就叫雞婆，不管雞婆的人是不是充滿了關心，都是越界。

那到底要怎麼樣講才清楚又不傷人呢？如果孩子做了什麼惹到了你，你只要「對事不對人」，就可以把事情講清楚又不傷人。什麼是對事不對人呢？那就是，你在表達你的不滿時，只描述孩子所做的事，然後再跟孩子說清楚他該怎麼做你才會高興。我們腦子裡想的

事，都是屬於界線內的事，但是我們做出來的事如果影響到他人，那就屬於公共領域的事，公共領域裡的事講了不會越界。

比如孩子吃完飯不收碗、不洗碗，如果你跟孩子說：「你這孩子怎麼這麼懶呀！自己吃的都不收不洗！像話嗎？」或者「我們都很擔心你做事這麼懶，將來出去做事怎麼辦？」這都是人身攻擊，因爲孩子不收、不洗的背後用意不見得是懶，他「爲什麼」做這件事只有他知道，你一評論他的做事用意，就越界了。你一越界，孩子就有情緒，他可能會很委屈的說：「我哪有懶！」然後你們就開始吵一個鬼打牆的架，也或許孩子可能會很受傷的不講話。不管如何，你要教的沒有教，最後關係也搞壞了。

比較好的方法是：「你不收不洗碗，會讓媽媽覺得我好像是傭人，請你現在去把碗收好洗好，下次用完時也請你馬上收好洗好。」你只講孩子做了什麼事（公共領域），這件事帶給你什麼感覺，再把解決的方法給他，這樣不卑不亢的溝通，我們稱之為「肯定式溝通」。這樣，才是有建設性的溝通。這樣溝通不會越界、沒有攻擊，因此不會產生

我們做出來的事，都屬於公共領域

不必要的情緒，你能很清楚的把你想教的東西，成功的教給孩子。

給成人子女的話

如果你有習慣使用攻擊式溝通的父母，你很可能會很習慣的接受別人對你的攻擊，或者你在對待自己的下屬或孩子時，也會習慣使用以攻擊的方式對他們講話。很多人跟我反應，他們知道老師、老闆在攻擊他們，但不敢反抗。我覺得，那並不是「不敢」，而是「不會」。因為從小父母這樣對你講話，你都沒有方法守衛自己的界線，沒有練習過，所以才會辭窮，人家一攻擊你，你就講不出話來。如果你有這個現象，那你可以先用填充玩偶去練習，假設有人攻擊你，你要怎麼說才能守衛自己的界線，把它寫下來、背起來，對著玩偶先練習。接下來，再用父母做練習，父母攻擊你的時候，把你背好的話拿出來講，最後才對老闆講。記住，沒有人說生氣的人講話一定要大吼大叫，生氣的人也可以很有條理，沉著肯定＝氣勢。

最糟的情況，也只是父母生你的氣、老闆砍你的工作，但是，就算如此，你也不會少一條命。父母生你的氣，最終你還是他們的孩子；老闆砍你工作，如果你是一個精進自己的人，你到哪裡都會找得到工作。但是，沒有人應該長期被人攻擊、活在恐懼裡，更沒有人應該被人壓著喘不過氣來。在這個世界上，沒有任何工作值得你丟掉尊嚴。

6 別讓孩子總是猜測上司的想法

拒絕做一個被動式溝通的人

甜甜在現任的位子做了五年了，最近她常出現痛、腹痛等生理問題，有時一痛起來根本無法上班。爸媽都要她去看醫生，但甜甜知道，她生理問題的根源，其實是來自於工作。其實甜甜的上司是出了名的隨和好脾氣，常常什麼事都一個人攬下來做。由於上司有什麼事都不願溝通，甜甜有時想幫忙也不知從何幫起。麻煩的是，上司的大老闆脾氣很火爆，由於甜甜的上司不善溝通，所以他們團隊的事情常常做不好，大老闆都是把大家全部叫進辦公室，一罵就是一個多小時。大老闆常有不合理的要求，但甜甜的上司有什麼事做不到也都不說，所以甜甜總是覺得他們在做的事是不可能的任務。久了，甜甜的無助感就變成了全身疼痛，苦不堪言。

甜甜的上司，就是一個有什麼都不說的人，這種人採用的是「被動式溝通」。被動式溝通，就是，有人踩了我

被動式溝通：有人踩了我的線，我有情緒，但是我悶著不講。

的線，我有情緒，但是我忍著不講。跟這樣的人相處很累，因爲永遠猜不到他的界線到底在哪裡。做這種人的下屬最可憐，因爲他不跟別人溝通底線在哪裡，如果他的上面有一個很強勢的上司，那下面的人就都要倒楣。這樣的情況在學校也常常發生，如果孩子碰上了一個採被動式溝通的老師，那學習品質一定會很糟，因爲那個班級一定會亂成一團。

查理老爺爺在退休後被請回學校帶樂團，他很高興有機會脫離無聊的退休生活，與活潑的學生爲伍，他覺得每一個學生都很可愛。樂團裡有五十個學生，每個人手上都有樂器，等著查理發號司令。查理覺得學生來學校學音樂，應該盡量玩得開心，所以學生如果做錯了什麼，查理只是笑嘻嘻的說：「好、好、好。」過了一陣子，學生發現查理並不注重規矩，就開始作亂了。坐在後排那幾個比較皮的學生，常拿自己的樂器去打別人。查理見狀只是和和氣氣的說：「好了好了，我們不打別人好不好？」那一整個學期，學生們都處在混亂的情況下，沒有好好練習任何一首歌曲，最後還有學生在上課時被打傷進醫院。

像查理和甜甜上司這樣的人，常常被他們自己或他人標榜爲善良的好人。這樣的人不但自己累，其實在他們身邊的人更累。由於採被動式溝通的人，看起來都在辛苦的默默承受，所以他們身旁的人也不忍責備他們，只能盡力的幫忙。身邊的人做多了，煩了，想生氣了，卻見到那個被動溝通的人還在那裡默默的承受，這時反而會覺得自己怎麼那麼殘忍，覺得「他都已經忍成這樣了、累成這樣了，我還怪他，眞不應該。」最後，採被動式溝通的人要受的苦，他身邊的人其實都要一起承擔。

如果你不希望你的孩子認爲這種被動式溝通的人，是應該同情的人。如果你希望你的孩子能指認出這類人不健康的地方、如果你希望孩子懂得在這樣的人身邊設立健康界線、如果你希望你的孩子拒絕共同承擔這些人因爲不溝通而捅出的爛攤子時，不會出現莫名的罪惡感，那你在家裡就應該有什麼就講，拒絕做一個有什麼悶著不講、拒絕做一個被動式溝通的人。

選選看：拒絕被動式溝通

1 你每天上班都提早出門，順道送兒子上課。兒子是個好孩子，勤奮學習，從不搗亂。但是，送孩子上課時，他坐在身旁，盡是滑手機，從不搭話。到了學校，下了車，碰的甩上車門就離開了。你心裡很不是滋味，覺得孩子從不表達感謝，感謝媽媽每天都爲他提早出門，送他去上學。

你應該怎麼做？

Ⓐ 爆發！把兒子臭罵一頓。

Ⓑ 孩子已經是個好孩子了，相信他不是故意的，原諒他就好，算了。

Ⓒ 告訴孩子你的感受，讓他知道你希望他做什麼。

解答❶ 父母應該：

Ⓐ 爆發！把兒子臭罵一頓。

不及時把自己的感覺講出來，壓抑久了，很容易就會爆發。爆發時罵人，人只知自己錯了，卻不一定聽得懂到底是哪裡錯了，更不了解要怎麼做才對。這是一種很無效又傷害關係的溝通方法。

Ⓑ 孩子已經是個好孩子了，相信他不是故意的，原諒他就好，算了。

你明明有情緒，卻選擇不講，這就是被動式溝通。當你什麼都不講時，孩子就永遠不知道他哪裡做錯了。即使他可能不是故意做錯了，但如果你不糾正他，他就可能會養成壞習慣。他可能會帶著這個壞習慣出家門，去學校、去工作，在外面他不及時感謝那些幫過他的人，人家不見得會算了、會原諒他。他可能會爲這樣小小的習慣，而大大影響了他的前途。

Ⓒ**告訴孩子你的感受，讓他知道你希望他做什麼。**

早早讓孩子知道你的感受，他才有機會修正自己。對於別人幫助他，他表達感激之情，這個好習慣，他也才能早早養成。往後出門跟別人相處，他也才能適時的鼓勵那些幫他的人。有些人總是有貴人相助，而有些人總是沒有貴人相助，其實都跟他們表達感謝的習慣有很大的關係。

2

朋友來家裡吃飯，席間你女兒跟她媽媽多要了一碗飯。朋友對孩子說：「你已經那麼胖了！再吃下去，長大了從小胖妹變成了小胖嬸，就嫁不出去囉！」孩子眼睛一下就泛紅了，沒吃完就回房裡去了。

你應該怎麼做？

Ⓐ**在朋友面前，也跟著把孩子說一頓，說這孩子就是不聽，就叫她少吃一點，她就是控制不住。**

Ⓑ**很肯定的告訴朋友，朋友越了女兒的界線，傷了她的心。希望朋友下次不要再評論女兒的外表，因為女兒沒有請朋友給意見。**

Ⓒ**雖然很生朋友的氣，但假裝什麼都沒發生，繼續吃飯。**

解答❷ 父母應該：

Ⓐ在朋友面前，也跟著把孩子說一頓，說這孩子就是不聽，就叫她少吃一點，她就是控制不住。

女兒的長相，是她界線內的事，她沒請別人給他意見，任何人自動給意見，就是越界。朋友越了女兒的界，現在你再跟著講，也就越了女兒的界線了。只會更傷女兒的心。心碎了，感情就破裂了。

Ⓑ很肯定的告訴朋友，朋友越了女兒的界線，傷了她的心。希望朋友下次不要再評論女兒的外表，因為女兒並沒有請朋友給意見。

很清楚的告訴朋友，他哪裡做錯了，也清楚表達了女兒的情緒，再清楚的跟朋友說下次他該怎麼做才對。你會說，這哪可能，如果這樣做，這餐飯就不要吃了。你想想，女兒重要、吃飯重要，還是朋友重要？人生裡的關係，必須有優先順序，在關鍵時刻不保護自己最重要人的界線，最後得了朋友、失去女兒，值得嗎？

很多人都覺得，外人不好講話，自己人比較好講話，所以要自己人忍耐一下比較方便。但在我的諮商經驗裡，這樣的忍耐，人可以藏在心裡數十年也忘不掉，更何況朋友是你的，不是女兒的，你帶回來的朋友說錯話，你本來就有責任溝通。因為對你來說那只是一個方便不方便的問題，但對孩子來說，它卻是一個被你強壓著去被別人侵犯的經驗。而你不保衛界線裡的人事物，也會給孩子帶來錯誤的示範。

在你站在女兒界線這邊跟朋友溝通後，要回頭教女兒，往後碰到這種越她界的大人，該如何回應。畢竟，你不是每次都能在她身旁幫助她，她應該要懂得如何處理大人越她界線的事。哭著逃走，這個人下次還要再來惹她。一勞永逸的方法，就是教她如何守衛自己的情緒界線。

ⓒ雖然很生朋友的氣，但假裝什麼都沒發生，繼續吃飯。

這就是被動式溝通，由於別人會不知道你的界線到底在哪裡，所以它唯一能保證的，就是這個朋友下一次「一定」會再來侵犯你與你家人的界線。

父母只要採被動式溝通，孩子一定無法了解父母的界線在哪裡，也一定不知道家裡有什麼規矩要遵守，這個家一定亂成一團。不只如此，由於父母不溝通自己的界線，孩子很可能會以為大人都沒有界線，長大到了學校去亂踩老師的界線，進了公司亂踩老闆的界線。父母採被動式溝通，也可能造成外人帶給孩子的傷害。當作父母的被別人踩卻不出聲時，靠他們保護的家，也就沒有了界線，外人常常可以侵犯家裡的人。

如果你發現你有被動溝通的習慣，那你一定要很有意識的告訴自己，如果有人做了什麼讓你有情緒，你要講出來。記得，不是像查理那樣講：「好了好了，我們不打別人好不好？」查理這樣講有兩個問題：

1. 沒氣勢

別人惹你，你要講出來的是自己的情緒，或是自己的界線，那是你的，不是別人的，不需要別人的核准。因此，你並沒有要商討的意思，當你在溝通自己的界線時，你是在告知。你並不是在問：「我在這裡畫界線好不好呀？」你是告知別人：「我的界線在這裡。」而且要很肯定的說，因為如果連你都不肯定自己的界線了，別人為什麼要尊重那個界線。

查理是老師，他應是班上立規定的代表，班規就是界線，沒有什麼好商討的，所以他不應該說：「好不好呀？」他應該講：「在班上不可以打人。」

2. 哪裡做錯 ≠ 要怎麼做才對

我們常以為我們溝通了，但別人並沒有聽進去，我們就以為別人不聽話，其實別人不聽話有可能是我們不會講話造成的。我們以為只要跟別人說他哪裡做錯了，他自動就知道該怎麼做才對，這其實是錯誤的假設。你跟別人說他哪裡做錯了，他頂多知道他錯在哪裡，但是，到底該怎麼做，對方不見得知道。所以，溝通時要愈精準愈好，愈白話愈好。像查理，他就應該說：「不可以拿樂器打人，我們的樂器要在手上穩穩的拿好，不用的時候，放在自己的腿上。」

所以，你如果講不出自己的情緒或很怕點出別人到底哪裡做錯，也至少應該要說明白，你到底希望別人如何對待你。畢竟，別人如何對待你，正是你教出來的。

給成人子女的話

其實做被動式溝通父母的孩子，是很辛苦的，因為你永遠弄不清楚你的父母到底要什麼，也永遠都搞不懂，你要怎麼說、怎麼做他們才不會受傷、難過。當你急了，你可能會急躁、大聲，事過境遷後，你又後悔不已。其實，不健康的不是你，而是採取被動式溝通的人。

如果你想要保有自己的健康，那就一定要學會指認你父母、老師，或老闆的溝通習慣。如果你的家庭、班級或你的部門是一團混亂，做事總像是漫無目的在抓什麼一樣，那你碰到的很可能就是被動式溝通的父母、老師或老闆。被動式溝通的人會養成這樣的溝通習慣，多是因為他們小時候溝通都會出現危險。所以，你能做的，就是一有什麼就立即溝通，只要你表現一致，他們就會覺得安全。

7 你一定不希望孩子做錯，老闆不教卻直接懲罰他

怎麼對付習慣被動攻擊的人

湯健是總經理特助，湯健的老闆是不罵人的，其他部門的同事都很羨慕他，但湯健卻愈做事愈膽戰心驚。那是因爲，如果湯健做錯了什麼事，本來和顏悅色的總經理，會突然沉著臉，一整天都不跟湯健說話。總經理本來請湯健做事時，都甜聲甜氣的說謝謝，但只要湯健哪裡做得不好，總經理要他做事的語氣馬上變得硬邦邦，接著就是一臉不耐煩。湯健很怕總經理這樣對他，所以做事都格外小心，力求不犯錯。有一次湯健被總經理的上司（也就是大老闆）叫去訓話。大老闆手裡拿的是湯健爲總經理準備的商業計畫書，是他們公司下一個要接手的案子。大老闆說：「湯健啊，你知不知道你這裡面計算成本的方法有嚴重錯誤？你們總經理跟我說，他常講你你卻講不聽，你讓他很頭疼啊。」湯健聽得一頭霧水，總經理根本沒有跟他說這個問題，其實，問題就出在，總經理從來都不跟他說到底有什麼問題！

湯健的總經理是那種，有什麼情緒他不說，他做給你看讓你知道他不高興，他擺臭臉、摔門、去告狀、或當受害者，這種溝通習慣我們叫「被動攻擊式溝通」。跟這樣的人相處，

是最沒安全感的，因爲他不但不告訴你你哪裡做錯，而且他還會懲罰你、讓你難受、讓你有罪惡感。在學校裡，要是孩子遇上了有這種溝通習慣的老師，那孩子不但行爲無法被糾正，還常常莫名其妙的被懲罰。

皓宇是一個小學三年級的男孩，特別頑皮，好動得不得了。在學校裡，皓宇不是碰這撞那兒，就是寫字草率等不及下課。皓宇的老師總是要處理他碰壞什麼、撞傷誰的事，很不耐煩。家長會時，皓宇的父母都來到了學校，他們很抱歉的跟老師說，皓宇很皮，老師一定很煩心，他們感謝老師的關照。老師並沒有跟皓宇的父母溝通他的感受，或是提出要怎麼樣幫助皓宇，他只是笑笑說「應該的」。有一次坐皓宇隔壁的同學說他的筆不見了，要老師幫他找，結果他們在皓宇的抽屜裡找到了。皓宇說不是他拿的，但老師心裡早已認定皓宇就是個壞孩子，這下以往的不耐煩全部爆發出來，他很大聲的說：「皓宇，你怎麼可以做小偷呢？我平時眞的太放縱你了！所以我一整天都在處理你的爛攤子！」隨後就要皓宇去罰站。皓宇覺得很委屈，一邊罰站一邊擦眼淚，其他同學走過去都用鄙視的眼光看他，還有人小小聲的罵他：「小偷！」

孩子遇上這種人，最大的傷害不在於被懲罰，孩子遇上這種人，最大的傷害在於他們以爲自己被罰是因爲對方是受害者。比如，總經理覺得湯健很讓人頭疼、老

被動攻擊式溝通

師覺得自己必須不停的處理皓宇的問題，總經理和老師會變成受害者，他們覺得都是湯健和皓宇害的！但是，如果一有問題總經理和老師就立即溝通、糾正、教育、提供解決的辦法，湯健和皓宇就不會繼續犯錯了，總經理和老師就不會變成受害者了。

常常，孩子會以為這些情況都是自己的錯，源自於父母與孩子在家裡的互動。比如，孩子對媽媽講話不禮貌，傷到媽媽，媽媽不直接糾正孩子，卻跑去跟爸爸說，讓爸爸揍孩子。或是公公對兒媳婦不滿意，不跟兒媳婦直接說，卻跑去跟鄰居說兒媳婦欺負人，搏得鄰居的憐憫。再不就是孩子忘了爸媽的生日，不直接打電話跟孩子說心裡哪裡不高興，卻自己買一個蛋糕到理髮店吹蠟燭，讓全街都覺得孩子是個不孝子。明明就是父母溝通不力，但孩子卻在家裡這樣被責怪慣了，往後進了學校到了公司，他就分辨不出老師和老闆的溝通問題所在，因為指認不出，就只能認栽倒楣或自責不已，不能找到有效的解決對策。

所以如果你希望孩子不隨便在學校或公司被挑起無形的罪惡感，如果你希望孩子能夠有應對被動攻擊式溝通的策略，那孩子在家犯了什麼錯，你就要直講、要教。如果你要罰孩子，也要讓孩子清楚的知道他為什麼被罰。

選選看：如何對付被動攻擊式溝通

1 孩子現在讀國中，正當叛逆期，講話口氣很不好。爸媽幫忙洗衣折衣，孩子從不道謝。爸媽費心買菜燒菜，孩子也從不道謝。有一天元宵節，爸媽做了一桌子的菜想要全家慶祝一下，結果孩子一上桌就翻白眼說：「我也拜託你們好不好？這樣弄一大桌誰吃得下呀！」拿著筷子在菜裡翻來揀去的，最後吃完了，碗不收，拍拍屁股就走了。

爸媽應該怎麼做？

Ⓐ大家都說小孩叛逆期就是這樣，長大了就懂事了，所以爸媽就什麼都不說，繼續這樣過。

Ⓑ爸媽一個摔碗、一個指著孩子的鼻子說：「你算老幾呀！敢這樣跟我們講話！我告訴你，你不想吃就不要吃，給我滾！」

Ⓒ爸媽什麼都不說，但心裡很氣，互相抱怨女兒後，第二天剛好是家長會。爸媽抓著老師說：「老師，你不要看我們家女兒平時品學兼優的樣子，她在家什麼家事都不做，而且對我們很無禮的。老師，她比較聽你的話，你可不可以幫我們管管她？」

Ⓓ跟孩子直說：「我們為你辛苦做事，你不感激我們，還口出惡言，讓我們感到很難過。如果下一次我們為你做什麼，你再不表示感謝，或是挑剔我們做的事，那我們就會沒收你的手機三天。」

解答❶ 父母應該：

Ⓐ大家都說小孩叛逆期就是這樣，長大了就懂事了，所以爸媽就什麼都不說，繼續這樣過。

很多人都以為孩子會做錯事、說錯話都跟年紀有關，大了自動就會了。其實，做事和說話都是學習而來的，也就是說，如果做錯事、說錯話沒有人糾正，然後孩子又能得到自己想要的，那孩子就會以為這樣是對的。這跟年齡無關，跟技能有關。等這樣養成了做事和說話的習慣了，往後孩子跟老師和老闆也可能會用同樣的方式相處，那老師和老闆不一定會忍，孩子很可能會因此被懲罰。

Ⓑ爸媽一個摔碗、一個指著孩子的鼻子說：「你算老幾呀！敢這樣跟我們講話！我告訴你，你不想吃就不要吃，給我滾！」

這是攻擊式溝通。用這種方式跟孩子講話，只能宣洩情緒，爸媽並沒有示範如何使用情緒。這樣孩子只知道自己錯了，但她還是不知道要怎麼做才對。現在爸媽給的行為示範，只能教她，比較大的就可以對比較小的吼叫，想要得到什麼，大聲很有用。

Ⓒ爸媽什麼都不說，但心裡很氣，互相抱怨女兒後，第二天剛好是家長會。爸媽抓著老師說：「老師，你不要看我們家女兒平時品學兼優的樣子，她在家什麼家事都不做，而且對我們很無禮的。老師，她比較聽你的話，你可不可以幫我們管管她？」

這就是被動攻擊式溝通，就是我不告訴你我不高興，我不親自跟你溝通，但我去告你的狀，讓那個人懲罰你。用這種方式表達不滿，孩子不但完全不知道到底哪裡做錯了，而且會根本不知道要怎麼做才對。同時，孩子還會覺得被暗箭傷害。對親子關係不但一點好處都沒有，而且常會產生無法互信的感受。久了，孩子就會以爲這就是大家應該採取的溝通方式。孩子如果帶著同樣習慣去工作，有什麼不高興就擺臭臉，或在背後閒言閒語，老師和老闆不會知道他的需求，只會覺得這人怎麼如此陰晴不定。

Ⓓ跟孩子直說：「我們為你辛苦做事，你不感激我們，還口出惡言，讓我們感到很難過。如果下一次我們為你做什麼，你再不表示感謝，或是挑剔我們做的事，那我們就會沒收你的手機三天。」

孩子做了什麼事情，你有什麼情緒，當面跟他說清楚。告訴他他哪裡做錯了，要怎麼做才對，也要告訴他如果他下次不做對，就會有後果。這樣孩子就不用猜往後該怎麼辦。

很多人以爲，如果我跟孩子明說了，好像是在攤牌一樣。又孩子知道做錯事有懲罰，會不會感到很不安全？其實，知道你有什麼不高興，你不會透過別人的嘴來講、你不會去跟別人告狀，而會直接跟他溝通，這才是讓人感到安全的方法。不只如此，你會很清楚的讓他知道，他哪裡做錯了，而且你總是會給他一個解決的辦法。

你在還沒有教過之前，不罰，教過之後要是他做錯，即使要罰，也是事前就告知了。這樣做孩子不會感到驚訝，因爲沒有讓他驚訝的地方，就沒有驚嚇，也就不會覺得不安全。那要不要按規定做，就完全是孩子的選擇。只要罰得一致，也就是，在他還沒做之前就知道他會被罰，那孩子就不會感到不安全。會讓孩子感到不安全，是父母一下子懲罰，一下子又不懲罰，孩子完全無法預測做什麼會有什麼後果。

2

〔延續29頁和71頁懷逸的故事〕上次懷逸的老師貶損他的父母後，懷逸試著守衛父母和自己的界線，老師很不高興。後來學校要派數學成績很好的懷逸去參加奧數比賽，老師就跑去跟帶隊老師說，懷逸是一個情緒不穩定的孩子，她在班上照顧懷逸都覺得辛苦了，何況是要帶著他出賽，所以懷逸不適合出賽。帶隊老師認識懷逸後，覺得這不是她認識的懷逸，就把懷逸叫來問了一些問題。懷逸知道是班導在扯他後腿後，回家跟父母說了這件事。

懷逸的爸媽應該做什麼？

Ⓐ 跟懷逸說，懷逸就是因為上次頂撞老師，才會遭到老師的報復。所以懷逸應該要學會，下

次再碰上這種事，最好是沉默不說話。

Ⓑ帶著懷逸去跟班導好好的講、好好的溝通，希望取得共識。

Ⓒ請黑道的人帶話給班導，要她好自為之。

Ⓓ讓懷逸跟帶隊老師說：「老師，我是班上少數幾個沒有到班導家補習的學生。班導平時對我很嚴格，我做什麼事都不對，字常被罰重寫。上次班導跟我說，家境不好的家長，不是很了解學生需要什麼才能成功，要我回家勸爸媽給我去班導家補習。我生氣了，那天我大概是臉色不太好的回班導，我們雖然家境不好，但這不表示我父母文化水準不高。」如果班導還是不放過懷逸，父母就要出面與老師的上級溝通這件事。

Ⓔ要懷逸什麼都不說，碰到這種老師只能倒楣認栽。卻跟學校裡很多家長說，到菜市場跟所有的街坊鄰居說，說懷逸的班導是怎麼欺負他們家懷逸的。

解答❷父母應該：

Ⓐ跟懷逸說，他就是因為上次頂撞老師，才會遭到老師的報復。所以懷逸應該要學會，下次再碰上這種事，最好是沉默不說話。

這是在教懷逸被動式溝通。如果父母這麼教，懷逸對照自己的經驗，會覺得「對耶，我就是出聲了才會有事。」而不是想說：「我是講得不夠肯定，我要更堅定的守衛我的界線，班導才不會一直惹我。」所以懷逸往後再碰到對自己不公不義的事，就不會出聲了。然後他會帶著這個習慣繼續上學、進入工作，甚至進入婚姻。如果遇見了好人，就沒事，如果讓狼老師和狼老闆發現懷逸是一個不會守衛自己情緒界線的人，那懷逸就很可能會遭到霸凌。

Ⓑ帶著懷逸去跟班導好好的講、好好的溝通，希望取得共識，以和為貴。

班導曾說過：「家境不好的家長，不是很了解學生需要什麼才能成功。」這個結論，班導不是以懷逸家長的內涵在做判斷，她是以家長的社會地位在做判斷。不是以內涵在決定要如何對待一個人，而是以社會地位（排序）決定要如何對待一個人，這樣的人，就是狼。在狼的世界裡，沒有內容的交換，只有排序的高低。所以，孩子如果碰上了狼，卻一直想要交流討論，只會徒勞無功。更何況，討論商量這種事在狼的眼裡，是排序低的人才會做的事。所以，我們就會發現，面對狼，愈是以好好講這種態度溝通，事情就只會愈來愈嚴重。

Ⓒ請黑道的人帶話給班導，要她好自為之。

由於班導是狼，狼都是欺善怕惡的，所以這麼做，絕對有效但這樣做，孩子會覺得強的是黑道，不是自己，不但對建立自信沒有幫助，而且還教孩子夠強大就可以欺負人，孩子往後就會是狼。何況，黑道能保孩子多久？孩子總要出社會，要是遇見狼老闆，怎麼辦？

Ⓓ讓懷逸跟帶隊老師說：「老師，我是班上少數幾個沒有到班導家補習的學生。班導平時對我很嚴格，我做什麼事都不對，字常被罰重寫。上次班導跟我說，家境不好的家長，不是很了解學生需要什麼才能成功，要我回家勸爸媽給我去班導家補習。我生氣了，那天我大概是臉色不太好的回班導，我們雖然家境不好，但這不表示我父母文化水準不高。」如果班導還是不放過懷逸，父母就要出面與老師的上級溝通這件事。

班導來陰的，懷逸就要來陽的。陽的就是，把班導做的事盡量說出來。但說出來要有技巧。採被動溝通式的人，通常會去哭訴自己有多可憐，像班導就是跟帶隊老師說，懷逸情緒不穩，讓她在班上照顧起來很辛苦。那這時如果懷逸攻擊班導，就會讓旁觀者自然的同情班導。比如懷逸說班導是因為要報復他才會這樣說。但班導為了什麼而做一件事，那是她界線內的事，懷逸這樣說就是越界，從別人眼裡看起來像攻擊。人見到別人被攻擊，自然會心生同情，反而對懷逸不利。

所以，別人來陰的，你就要以陽的對應，意思是，你就把這個人做的事講出來就好。不要去碰這個人做這事的用意，不要用情緒性的字眼去攻擊這個人。這樣你才不會招惹別人同情他。而誰錯誰對，只要你講清楚，把資訊給齊，一般人都能夠判斷。

我們通常會覺得，我們應該不要評論這種讓人不好意思的事，好像在製造衝突一樣。一般來陰的人，賭的就是你不會把事情說明白。但是你要想，他做這事都不會不好意思了，你為什麼要不好意思講出來呢？

在這一題裡，由於班導是狼，所以如果懷逸把事情原原本本的講出來，班導卻還是不放過他，那家長應該要出面了。這時，家長可以直接找比老師有權力的人來商討這事，因為只要是狼，就是看排序，看到排序比他高的，他才會服從。所以家長就可以找總務主任、校長這些職等比較高的人，與他們討論的方法也是像前面懷逸的應對那樣，原原本本的把班導做的事講出來。不要越界對班導做任何攻擊。來陽的，就是對事不對人。

很多家長跟我說，他們怕這樣做，孩子會遭到更多的報復。其實不然。班導是狼，狼在排序鬥爭裡如果敗下陣來，他就會因為你的排序現在比他高，而不再惹你。如果你不出聲，他才會覺得你可以一直壓迫，所以孩子只要學著保有內在權威，這狼都不會再來侵犯，而能和平的繼續相處。

Ⓔ要懷逸什麼都不說，碰到這種老師只能倒楣認栽。但卻跟學校裡很多家長說，到菜市場跟所有的街坊鄰居說，說懷逸的班導是怎麼欺負他們家的懷逸的。

這樣給懷逸示範的，是被動攻擊式溝通。我不直接告訴你我哪裡不高興，而是去跟別人說，要別人來向你丟石頭。這樣的溝通方式，只會把關係愈弄愈僵，要是懷逸在學校學會這就是跟老師相處的方法，將來他就會帶著同樣的習慣跟老闆相處。到時候，懷逸對老闆有什麼不滿，就不會跟老闆直接說，他只會在與同事吃飯閒聊時抱怨，或是上自己的臉書去跟朋友訴苦。這樣做，可以宣洩情緒，卻不能解決問題。

給成人子女的話

如果你的父母習慣採被動攻擊式溝通，那你一定很累。因為當你惹到父母時，他們不會跟你直說，都是要你用猜的，或是你已經被攻擊受傷了，才知道他們不高興。這是為什麼，一個有被動攻擊習慣父母的孩子，通常都有「猜他人在想什麼」的習慣。大部分這樣的孩子會喜歡猜，是因為如果猜中的父母的心意，就會被獎勵。其實，「猜別人在想什麼」本身就是越界的事。我們每一個人到底在想什麼，是我們的事，如果我們希望別人能夠知道我們在想什麼，那講出來、講清楚就是我們的責任，包括我們的父母在內。

如果你的父母使用被動攻擊的方式讓你受傷了，最好的回應方式就是肯定式溝通。因為在肯定式溝通中，你會讓父母知道他們到底做了什麼，會讓你有什麼感受。父母做很多事是下意識的在做，如果你不說出來，他們不知道自己做的事長那樣，也根本不知道你會有什麼感受。除此之外，肯定式溝通的過程中，你還可以把你希望他們下次怎麼做講清楚。多數的父母會使用被動攻擊對待子女，不是故意的，他們會那麼做，因為那是他們唯一會的溝通方法。所以如果子女能把怎麼做才對講清楚，父母才可能學到新的溝通方式。家庭才不會重蹈不斷傷人的覆轍。

如果你的父母不但採被動攻擊的溝通方式，而且同時是狼，那你的說話習慣一定要有所改變。你會問，我怎麼知道我父母是狼？要知道你父母是不是狼，很簡單，你只要看，當你說明自己的情緒後，父母是什麼反應。是「人」的父母，因為動用大腦的同理心，所以在孩子說明情緒後，會接納孩子的情緒，會想照顧孩子的情緒，所以會有動力要改變。但是，是「狼」的父母，在了解孩子的情緒後，不是貶低、抹滅、打壓孩子的情緒，就是勒索孩子的情緒，讓孩子有罪惡感。

如果你判定你有狼父母，那你溝通時，就無須說明自己的情緒，可以直接改成「告知」到底要怎麼做才對。人父母不會因為孩子比自己小就打壓孩子，但是狼父母卻會這樣做。這時，想要得到狼父母的尊重，靠的就不是交流內容，而是有氣勢。有氣勢的溝通有以下兩個元素：

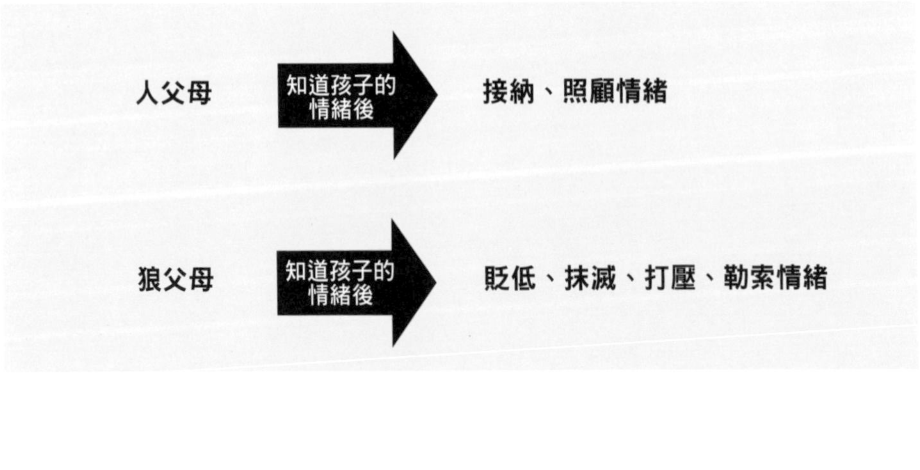
人父母
知道孩子的情緒後
接納、照顧情緒
狼父母
知道孩子的情緒後
貶低、抹滅、打壓、勒索情緒

8 希望孩子有個不罵人也可以把事情說清楚的老闆

清楚而有氣勢的肯定式溝通

瑞銘剛從大學畢業，他進了一家很大的廣告公司工作。瑞銘的新老闆不是最友善的人，他並沒有像隔壁部門的老闆那樣，跟大家打成一片。但是，瑞銘覺得部門裡的氣氛不壞，而且大家都很努力工作。有一天，瑞銘被老闆叫進辦公室，老闆不高興的說：「瑞銘呀，你這個廣告計畫的規格不對哦，而且你犯了一個很致命的錯誤，你竟然把客戶公司名字打錯了，他們公司是宇宙的宇，不是羽毛的羽哦。」瑞銘心想，自己怎會犯這麼離譜的錯，差點尿了出來。他傻愣在那裡不知要說什麼，一直搓手心。老闆看他不說話，接著繼續說：「瑞銘，你是不是要爲自己做錯的事道個歉？」瑞銘恍然大悟的趕緊說：「老闆眞對不起，我這個錯眞的很離譜，以後我一定會小心的。」老闆笑了，讓瑞銘去找部門裡的老鳥來，老闆跟老鳥說：「你教一下瑞銘我們廣告計畫的規格是什麼。然後看著他寫好一份給你，再交上來。」瑞銘正要走的時候，老闆跟他說：「你是新手，有不懂的地方先問清楚才做，這裡有那麼多有經驗的人，你要懂得求助。」

瑞銘老闆所使用的是肯定式溝通。這種溝通方式最大的特點有二：

1. 對事不對人

2. 把應該怎麼做才對講清楚

老闆講的都是瑞銘做的事，她沒有攻擊他笨、他懶，她完全沒有提「爲什麼」瑞銘會犯這個錯，她只是描述他做錯的地方。這就是對事不對人。然後，老闆沒有假設瑞銘用錯廣告計畫書的規格是因爲他「不想」做好，老闆顯然是認爲瑞銘做錯是因爲他「不會」。而能對付「不會」的，就是「教」。所以老闆找來了熟悉此業務的同事，讓同事好好教瑞銘一次。瑞銘沒做好的——沒主動道歉、沒用對廣告計畫書的規格——老闆都有直接告知清楚、給機會糾正。跟著這樣的人做事，不但學得到東西，而且很有安全感，不會有如履薄冰的感覺。

孩子在職場上，能夠遇到這樣不罵人，卻能把事情講清楚的老闆，是孩子的幸運。使用肯定式溝通，不會引發對方的情緒，所以大家都是眞正在談事情，也因此都能眞正把事情做好。孩子如果能在學校遇上這樣溝通的老師，學習其實是再簡單不過的事。

明美剛上國中，她的新班導看起來很嚴肅，她本來很害怕。有一天，明美在打掃時，一個男生過來撒了一點水在她臉上，她笑著也去水槽弄了一點水在手上往回潑。結果他倆這樣一來一往，不知怎的，他們兩個全身都濕了，而且地上也弄得全部濕濕的。同學跑去告訴老師，明美和男同學都一起被叫到導師休息室了。明美想，完了，一定會被班導罵死了。班導問明白怎麼回事後，就說：「玩耍不是壞事，但是要有個分寸。你們把地全部都弄濕了，同學就沒辦法好好的打掃。」明美和男同學都很不好意思的低下頭。班導繼續說：「下次玩不要打擾到別的同學，現在去幫同學把地擦乾。」

明美的導師所使用的就是肯定式溝通，對事不對人。在講清楚明美哪裡做錯後，他還教育他們要怎麼做才對。不需要罵，只需要把重點講清楚。

如果你希望孩子碰到這種老師，能夠知道自己是幸運的，你也希望將來孩子能被這樣的老闆吸引去工作，那你在家裡就要這樣帶頭示範肯定式溝通。如果孩子惹你不高興，把你到底有什麼情緒講清楚，把他到底做錯了什麼你才會有情緒講清楚，再把孩子到底要做什麼才對也講清楚。

肯定式溝通有三大部分：

- 你的情緒是什麼？
- 別人做錯了什麼事才讓你有這個情緒？
- 往後別人要怎麼做才對？

你會說，老師和老闆在學校跟我的孩子講話，也不會跟孩子說他們的情緒和感受，那我爲什麼在家裡要講這個？我不能就直接跟孩子說你哪裡錯了，然後你要怎麼做才對嗎？沒錯，老師和老闆通常不會跟孩子解釋他們的情緒是什麼。在這種情況下，孩子要能夠理解別人的情緒是什麼，靠的是情商（EQ，情緒的智商）。而父母跟孩子解釋他做了什麼，父母會有什麼感受，這就是在培養情商。情商，不是天賦異稟的能力，它是學習而來的。那孩子要怎麼學習情商呢？那就是來自於你解釋自己的情緒。你在做的事即是在教，「孩子你做這樣的事時，爸媽會有這樣的情緒」。孩子了解愈多不同的情境可能有的不同的情緒，他的情緒庫就很大。這樣往後別人有情緒反應時，別人很可能不需要解釋他們的情緒是什麼，孩子就能夠體會，這樣他的情商就愈高。情商愈高的人，在學校和職場上與任何人相處，都簡單容易得多。

選選看：培養肯定式溝通的習慣

1 孩子馬上要參加學測了，媽媽很爲孩子感到緊張。第一天，媽媽問孩子：「你把考試要用的筆都準備好了嗎？」孩子回：「嗯，準備好了。」第二天，媽媽還是問孩子：「你把考試要用的筆都準備好了嗎？」孩子只回：「嗯！」第三天，媽媽又問孩子：「你把考試要用的筆都準備好了嗎？」孩子爆發了：「就跟你說準備好了嘛!!每天都唸唸唸，嘮叨個不停，煩死了!!」

媽媽應該怎麼做？

Ⓐ跟孩子道歉。

Ⓑ跟孩子說，你很緊張，所以一直重複問題，你可以理解孩子為什麼會煩，所以你為這件事道歉。但是，孩子說你這樣做是因為你想嘮叨，你覺得很傷心難過。你對孩子說：「往後你如果發現我因為緊張就開始唸你，請你跟我說。媽媽，我知道你為我緊張，但你這樣一直重複問我問題，也會搞得我很緊張，能不能請你不要再重複問我同樣的問題了？謝謝。」

Ⓒ吼得比孩子更大聲：「你煩什麼煩呀！我才煩呢！要不是你要考學測，我做什麼每天緊張兮兮的，又幫你弄吃的、又幫你弄喝的。你竟是這樣回報我！真是個狼心狗肺的孩子！」

Ⓓ什麼都不說，孩子的爸爸回家後跟他說，讓他去罵孩子。

解答❶父母應該：

Ⓐ跟孩子道歉。

孩子的情緒沒有錯，但是孩子表達情緒的方式錯了。所以，孩子也應該向媽媽道歉。

Ⓑ跟孩子說，你很緊張，所以一直重複問題，你可以理解孩子為什麼會煩，所以為這件事道歉。但是，孩子說你這樣做是因為你想嘮叨，你覺得很傷心難過。你對孩子說：「往後你如果發現我因為緊張就開始唸你，請你跟我說。媽媽，我知道你為我緊張，但是你這樣一直重複問我問題，也會搞得我很緊張，能不能請你不要再重複問我同樣的問題了？謝謝。」

講一遍是提醒，講超過一遍就是嘮叨。在這裡，媽媽肯定了孩子的情緒，接納他的感覺。除此之外，媽媽也把對孩子表達情緒不滿的方式講得很清楚，肯定式溝通三元素（你的情緒是什麼？別人做錯了什麼事才讓你有這個情緒？往後別人要怎麼做才對？）全都照顧到了。這樣的溝通，才有可能真正的交流。這樣的溝通，才有可能促進情感，建立互信。

Ⓒ吼得比孩子更大聲：「你煩什麼煩呀！我才煩呢！要不是你要考學測，我做什麼每天緊張兮兮的，又幫你弄吃的、又幫你弄喝的。你竟是這樣回報我！真是個狼心狗肺的孩子！」

這是攻擊式溝通，給孩子貼上個「狼心狗肺」的標籤。這樣溝通，除了傷人之外，講不清孩子到底是哪裡做錯，也講不清孩子要怎麼做才對。孩子除了在這個過程中，認識到生氣這個情緒，他並不能體會，當他用錯方法表達自己的情緒時，媽媽可能會受傷、難過，就錯過了一個培養情商的好機會。

Ⓓ什麼都不說，孩子的爸爸回家後跟他說，讓他去罵孩子。

這是被動攻擊式溝通。不給孩子機會解釋自己，把原本不在這個事件中的爸爸也拉了進來。所有人的界線混成了一團，到最後孩子除了覺得受傷、父母覺得受傷外，父母和孩子雙方依舊不知道對方真正的感受、也不知道自己哪裡應該改進。

給成人子女的話

如果你有肯定式溝通習慣的父母，那恭喜你。但如果你沒有，也不要難過。溝通是學習而來的技能，習慣雖然強大，但多練習，就能夠培養新習慣。所以，如果你學會了肯定式溝通，反覆用這樣的溝通方法跟父母溝通，你，就是他們最好的示範。等你的父母有樣學樣後，你們家不會一開口講話就有人亂踩界線，一個家就能平靜安寧許多。

9 讓孩子成為懂得管理老闆的人

管理方法三步驟

你會問，老闆怎麼管呀？如果你認爲老闆不能管，那一定是因爲你以爲管就是罵、管就是我叫你去做。你也可能認爲老闆不能管，是因爲你試過跟老闆講，卻沒有見到成效。很多人以爲，管理就是我講給你聽，你去做、你去改，那不叫管理，而叫溝通。我常聽人抱怨溝通的功效，他們會說：「說了有什麼用？說了還不是白說！他還不是照樣不做、照樣不改。」我們說了，但人不改，是因爲聽到話的是意識，但習慣卻是存在潛意識裡的。

還記得我在〈前言〉裡家長要求換老師那個小學三年級學生嗎？由於家長說不能保證孩子長大後也能夠幫他換老闆，所以願意給我一個機會，教孩子如何管理老

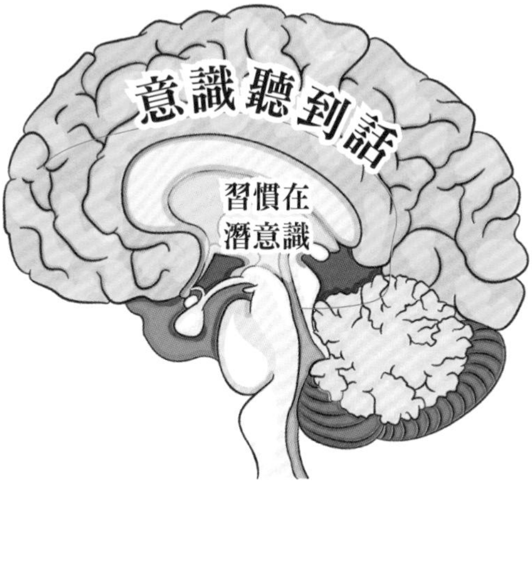

師。我問孩子你是不是不喜歡老師？」他點點頭。我問：「爲什麼？」他說：「我跟老師說了好幾次我放學時一定要準時走，因爲我還要去接幼稚園的弟弟。他卻總是遲遲不放我們下課，而且他總是不笑，我想他一定很討厭我。」

找到關係的衝突點了。我問他：「你說『總是』，是每一天嗎？」他搖搖頭說：「有時他會準時下課，但他不準時的時候，我很怕弟弟會走丟。」我說：「那我們可能不只要跟老師說，還要鼓勵老師。」孩子歪著頭看我。我說：「那就是，你跟他說過你需要準時下課後，如果老師哪一天準時了，你一定要大大的鼓勵他。」孩子問我：「怎麼鼓勵？」我說：「我們可以一起寫感謝卡給他。」孩子點點頭。我問他：「我知道老師看起來很凶，但只有老師能決定下課的時間，你能夠自己去跟他再說一次嗎？」孩子遲疑了一下點點頭。我說：「眞勇敢。記得這次跟老師講的時候，你要告訴老師，當下課遲了的時候，你會很著急，因爲怕弟弟會走丟。你要把這個感覺告訴老師，然後，不要忘記跟老師說，你會很感謝老師準時下課。」我請他在我的辦公室裡練習講了一遍：「老師，以後能不能請你準時下課，因爲我如果不馬上到幼稚園那邊接弟弟，我害怕他會走掉了。謝謝老師準時下課。」

孩子隔日回來跟我說，他跟老師說了。我讓孩子開始特別注意老師什麼時候準時下課，如果老師有準時下課，讓他馬上來找我。兩天後，孩子很興奮的來找我說老師昨天準時放學了。我讓孩子在我辦公室寫了一張感謝卡，讓他當天下課時交給老師，要求他第二天再來找我。第二天他下課時帶了弟弟來找我，很開心的說：「老師今天又準時下課了耶，然後老師還有謝謝我給他感謝卡。老師好像不是很討厭我。」我跟他說：「記得，你要給老師養成好習慣，最近一定要常常在老師準時下課給他鼓勵和謝謝哦。」孩子點點頭，之後他的父母再也沒有來找我換過老師，那個學期末，我收到了他們全家寫給我的感謝卡。

我們潛意識掌管的，是像呼吸、心跳這樣不需要經過意識思考的東西。這是爲什麼，如果一個人養成了習慣，他多數不需要想，就會自動去做。好像吃一口咬幾下、刷牙刷幾下。每一天都右轉的地方，哪一天你要直行，卻很可能因爲你不注意，而又右轉了。這就是爲什麼大家都說習慣的力量大，因爲只要你養成了習慣，通常不想就會去做了。

所以即使這個人在與你溝通時，意識上接收到你說的話了，但由於養成的習慣不是由意識掌控的，所以即使意識懂了、想要改變，但是要變成習慣的改變，還是要由潛意識著手，這就是爲什麼大家都說習慣難改。由於，潛意識「聽不見」你講的話，所以就必須透過美好經驗和痛苦經驗這樣的「體驗」，來改變。

以下是改變習慣三步驟，它也同時是管理方法三步驟：

・溝通

這是一個必要的步驟，因爲如果你不先讓對方意識接收到訊息，那接下來的美好經驗和痛苦經驗都會失去意義。而在溝通中，肯定式溝通給的訊息最完整。肯定式裡有溝通情緒，就像我的學生跟老師說如果他沒有及時接到弟弟，他會擔心。溝通情緒，能勾起同理心。肯定式溝通裡也有告訴別人到底做錯了什麼，它能讓人警覺，就像我的學生跟老師說，不準時下課可能會給他帶來的問題。最後，肯定式溝通裡還有要怎麼做才對，能帶給對方新的做事方法，就像我的學生請求老師準時下課。沒有新的做事方法，就不可能有新習慣。

・美好經驗

這是一個要改變習慣不可或缺的步驟。由於習慣是儲存在潛意識裡，而能夠讓潛意識和意識連結的地方就是獎勵路徑。

腦部有一個獎勵路徑（下圖藍線），它能從潛意識裡發出訊息，要意識去做事，這就是爲什麼大家都說獎勵路徑就是動力來源（motivation）。也就是獎勵路徑一啓動，你自動會想去做那件事。那獎勵路徑要怎麼啓動呢？「美好經驗」就是啓動它的紅色按鈕。

當你有一個「美好經驗」時，腦內啡產生，它形成了美好記憶，下次你還想再體驗那個美好的感覺，就會想做同樣的事情。美好的經驗可能是來自於sugar high（吃有糖食物）、咖啡因、酒精、尼古丁、安非

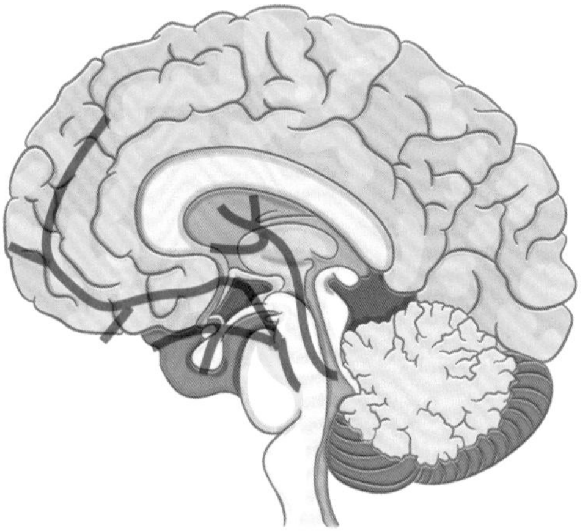

獎勵路徑（藍線處）連結了潛意識和意識。

他命、大量的運動、刺激的性愛等，這就是爲什麼它們那麼容易上癮的原因，因爲用它們都會刺激腦內啡，會給我們一個「美好經驗」的感覺，所以下次還想再來一次。除此之外，被鼓勵也會有腦內啡產生。比如我學生的老師接到感謝卡，是美好的經驗，所以下次還想再準時下課。

・痛苦經驗

由於舊習難改，當我們又回到原本做事的習慣時，如果沒有痛苦經驗提醒我們那是錯的路，那就反差不出做對時的美好經驗。一般人叫它「懲罰」。你會說，我們怎麼可能給老闆懲罰呢？那不是很危險？沒錯，直白的給老闆懲罰是很危險，但不表示我們不能創建痛苦經驗。其實，如果兩人平時關係很好，有很多美好經驗，如果突然沒有美好經驗時，那本身就是痛苦經驗。比如，我的學生在準時下課這事上，總是記得給老師鼓勵，創建美好經驗。但是，哪天老師又忘了準時下課，那天學生就不感謝、不鼓勵老師，這個反差，本身就是痛苦經驗。

所以，其實眞正的管理，不是說了就算了。眞正的管理，是一個激發動力的過程。它有力量改變舊習，建立新習慣。它有力量，讓別人爲了你而改變，帶來美好的關係。如果你希望孩子能夠學會如何管理老闆，那你就必須在家裡示範，你是如何管理你們之間的關係。

在家管理與孩子關係的方法：

• 當孩子越你的界，你有情緒時或孩子有壞習慣時（比如，別人給東西給幫助，沒有謝謝人家）

• 溝通

• 又重蹈覆轍踩了上次的界線，或又回到了舊的壞習慣

• 孩子移出界線時或孩子改正壞習慣，做了對的事

• 警告，創造痛苦經驗

• 鼓勵，創造美好經驗

由於習慣修改，要反覆做21次才能成功，因此在管理關係或修正習慣時，這個過程可能要跑幾次才會見到效用。很多家長、老師和老闆跟我抱怨，這樣弄不是要累死？其實，費心養成好習慣，等於倒吃甘蔗，前面很累，但愈後面愈輕鬆。如果習慣不養好，那就會一直出現危機，那樣才會更累。好消息是，就像我的學生和他的老師那樣，不管以往建立了什麼習慣，不管以往你們建立的關係如何，你都可以從今天起，開始認真管理，爲往後的習慣和關係，奠定新的基礎。

因爲我們最終的目的是希望孩子能夠學會如何管理老闆，因此，我們也可以反過來要求孩子管理與我們之間的關係。

孩子管理與父母之間關係的方法：

• 當你越孩子的界，他有情緒時

• 要求孩子有情緒時，用肯定式方法與你們溝通

• 又重蹈覆轍踩了上次的界線，或又回到了舊的壞習慣

• 教孩子，直接懲罰外在權威是會有危險的，所以孩子可以停止創造美好經驗

• 當你移出界線時

• 要求孩子鼓勵你們、為你們創造美好經驗

提醒孩子，習慣修改要反覆做21次才能成功，因此要孩子有耐心。讓孩子知道，他在家裡這樣練習，往後才能在學校管理老師、在工作裡管理老闆。

選選看：如何有效管理

1 已經跟孩子講了幾百次了，用完的杯碗自己收、自己洗。但孩子就是不聽。這天，爸媽又看到孩子用完的杯子放在茶几上。

爸媽應該怎麼做？

Ⓐ不過就一個杯子，洗一洗沒什麼大不了。而且功課比較重要，洗杯洗碗這種事不重要。
Ⓑ把上國一的孩子揍一頓。
Ⓒ可以用管理方法，把孩子這個壞習慣管理一次。
Ⓓ直接罰沒收手機五天。

解答❶ 父母應該：

Ⓐ不過就一個杯子，洗一洗沒什麼大不了。而且功課比較重要，洗杯洗碗這種事不重要。

如果父母把孩子該做的事做了，孩子就什麼都學不到，父母就會愈強、孩子就會愈弱。當孩子長大進入社會，眞實的生活裡不是只有工作，常常還有婚姻伴侶、交際、洗衣洗碗、三餐、財務等事情。這時，如果孩子只懂得照顧工作，就無法同時兼顧婚姻家庭、交際、家事、也無法自行處理三餐，這些事情如果一直不處理，最後都會轉成婚姻家庭危機、友誼危機、健康危機。當危機一直不停的出現時，工作和心情就會被影響，最後演變成了工作事業危機，等事情愈滾愈大後，最後就爆發了心理健康危機，憂鬱、焦慮就接踵而來。所以，從小在家就只會念書，沒有學會生活技能的人，長大後頂多只有工作技能，卻不可能有生活品質。

父母把孩子用的杯洗掉了，還會有一個問題，那就是，孩子大了以後，會以爲老師和老闆也會幫他收爛攤子。這就是爲什麼，那麼多人在工作崗位上，不是以「我來貢獻」的態度，而是以「你應該要幫我解決問題」的態度在與老闆共事。老闆請人的初衷是找人爲他解決問題，能夠爲老闆解決問題的人，自然有身價，而總是希望被老闆照顧的員工，前途可想而知。

Ⓑ**把上國一的孩子揍一頓。**

這是攻擊式方法溝通。孩子挨了頓打，大概知道自己哪裡錯了，有了痛苦經驗下次不會再犯了。但是，用這種方式最大的風險就是，沒教到底要怎麼做才對。孩子知道什麼不該做，但還是沒學會要怎麼做才對。再來就是，孩子也學會了，大的可以打小的，等孩子比你高了，他就可能還手，或是往後他就只會用這個方法教你的孫子。

Ⓒ**可以用管理方法，把孩子這個壞習慣，管理一次。**

管理方法：

1. 肯定式溝通說明一次，孩子哪裡做錯了，告訴他他這樣做，你會覺得好像是傭人。然後示範一次給他看，用完杯，拿到這裡來，這樣洗，洗完後這樣晾，才算完事。跟他說如果往後他再忘，你們就要沒收他手機（或是創造其他的痛苦經驗）。
2. 溝通完畢後，開始抓孩子做對的時候。一發現孩子杯有洗好晾好，馬上鼓勵。反覆這個過程，一直到孩子養成習慣。
3. 如果孩子哪一次忘了，指指杯提醒他，看著他做好。如果他繼續忘，那就按原本講好的，創造一次痛苦經驗。

以上過程，反覆到他想都沒想，就會起身把碗杯洗好。

Ⓓ **直接罰沒收手機五天。**

如果還沒有溝通一次，教怎麼做才對，也還沒有警告，再犯要如何罰，這樣直接罰，只會製造更多關係裡的衝突，達不到教育效果。

2

孩子大了以後，任何事都要頂嘴，她一頂嘴，爸媽就跟她吵起來，家裡氣氛很糟。這天孩子帶了成績單回家，爸媽一看就說：「你怎麼考得那麼差？這樣的成績根本就上不了大學，不上大學看你以後還有沒有前途。」女兒就回嘴：「我沒前途也不干你們的事！」爸媽說：「你這小孩怎麼這樣講話呢？你上不了大學沒工作，還不是我們要養你，怎麼會跟我們沒關係呢？」女兒講不過兩個人，碰一聲把門摔上鎖上。

爸媽應該怎麼做？

Ⓐ **直接罰她一個月不能跟朋友出去玩。**

Ⓑ **算了，不跟小孩子計較。**

Ⓒ **可以用管理方法，改善關係。**

解答❷ 父母應該：

Ⓐ直接罰她一個月不能跟朋友出去玩。

沒警告直接罰，一定會有更多衝突。但既然要罰，就要講清楚，孩子到底是哪裡越界所以該罰。我們把衝突點拿出來做一次「理清情緒界線」的功課（參見20頁），這次衝突點是孩子的「成績、前途、工作」。那孩子的「成績、前途、工作」是在父母的圈圈裡，還是在孩子的圈圈裡呢？既然是「孩子的成績、前途、工作」，那應是在孩子的圈圈裡。所以，父母評論孩子的成績、前途和工作，其實是越界的。因此，女兒會回嘴，是因為父母越界了。父母越界後，還要貶低孩子未來養自己的能力，這整個交流都沒有教育孩子任何事情，卻只讓孩子覺得未來沒希望，父母很強、她自己很弱。這不是在培養內在權威，這是在扼殺。

父母唯一講對的地方，是女兒的回嘴方式。如果以後老師或老闆越女兒的界，她也用如此充滿敵意的方法回應外在權威，那是無效且危險的。所以，父母應教女兒如何管理他們之間的關係，如果父母越了她的界，除了回嘴外，她還能做什麼？這樣做，他們才可能預防下一次的衝突，也才可能和緩關係。這樣，女兒往後碰到老師和老闆越界時，才不會只知道用咬人的方法防衛自己。

最後，孩子有成績問題，問孩子你們是不是能提供什麼樣的協助，是比較有建設性的溝通。

Ⓑ算了，不跟小孩子計較。

這是被動式溝通方法。兩方都氣得半死，卻沒有把事情理清楚，下一次還是要歷史重演，每一次上演都傷害感情、關係，然後問題依舊沒有解決。

Ⓒ可以用管理方法，改善關係。

女兒說：「我沒前途也不干你們的事。」這是事實。所以這次交流，其實是父母越界了。但是，女兒用如此有敵意的方式回應，未來出了家門，一定會受傷。所以，應該教女兒，要如何管理跟父母的關係。

先教她用肯定式溝通方式跟父母說這件事。比如，女兒可以說：「爸媽，我拿到成績單時，已經很難過了。接下來，你們又讓我覺得我不能為自己的未來負責，我就更難過了。」這是教女兒如何有藝術的與自己的外在權威溝通。在這裡，爸媽應該為自己越界的事道歉，以肯定女兒的內在權威。

接下來要求女兒觀察你們所做的改變，抓你們做對的時候。下一次只要你們說話時沒有越界，不一定要跟成績有關，只要是沒越界，女兒都應該鼓勵爸媽尊重她的界線。如果爸媽又忘了，再越界，那女兒就再次短暫提醒，不鼓勵。這樣循環，一直做到爸媽改變越界關心她的習慣。

你會說，這實在太不實際，有哪個老闆會坐在那裡聽員工這樣講話。你說的對，老闆不會聽一個沒內在權威的員工講話，但他會聽有內在權威的員工講話，如果這個員工懂得管理關係，那他的話老闆就更聽得進去了，因爲這個員工會鼓勵他。

這是爲什麼，在家裡把孩子的內在權威抹滅掉，或者不教孩子如何管理你們之間的關係，孩子念再多書、拿再多學位，將來他說什麼，都沒有人會聽。

3

孩子在大學時，爸媽發現他大學裡欠了卡債，就幫他還了。然後他剛進公司時，爸媽又發現他有卡債，又幫他還了，然後跟他說以後他自己做事賺錢，往後爸媽不會再幫他還了。過了兩年，孩子回家跟爸媽說，他入不敷出，欠了信用卡債，還跟朋友借了很多錢。

爸媽應該怎麼做？

Ⓐ趕快幫孩子清償債務。

Ⓑ把孩子趕出門，叫他不要回家。

Ⓒ用管理的方法，協助孩子改掉壞習慣。

解答❸ 父母應該：

Ⓐ 趕快幫孩子清償債務。

孩子會欠下債務，是因爲他沒有理財的技能。他可能花錢時不想清楚，明明沒錢，卻要出國看演唱會、天天上館子，花錢時從不考慮優先順序。如此一來，就算父母把債務還掉了，孩子還是不會理財。不只如此，他花了錢、累積了債務，不用自己努力償還，爸媽付掉了，等於是一個美好經驗。既然是美好經驗，就一定想再做同樣的事。所以，他照樣明明沒錢，卻要出國看演唱會、天天上館子。當然，做同樣的事一定會有同樣的結果，所以孩子又累積了債務。

這次，爸媽還是沒有教他要如何理財，還是幫他把債給還了，可是，這次爸媽有警告他，他已經工作賺錢了，所以如果往後再有債務，絕不會幫他還的。爸媽的話，孩子聽進去了，但聽話的地方是意識，習慣卻是潛意識在主導的。孩子現在雖然會賺錢了，但是會賺錢不等於會理財，所以沒有新技能，就只能使用舊習慣。所以，可以預見的是，他依舊會明明沒錢，卻要出國看演唱會、天天上館子，花錢時從不考慮優先順序。所以，如果這次爸媽趕快幫孩子清償債務，未來，孩子必定還是會累積債務的。

Ⓑ把孩子趕出門，叫他不要回家。

孩子不會理財，把他趕出家，他還是不會理財。不只如此，這樣做還會傷害關係，關係被傷害了，孩子還是不會理財。

Ⓒ用管理的方法，協助孩子改掉壞習慣。

用肯定式溝通跟孩子說一次，你對孩子欠債的感受是什麼。接下來就要教孩子，怎麼做才對。如果父母不懂得教理財，就要求孩子去上一個理財的簡單課程，再回來跟你報告。如果孩子的債務當下不償還不會造成太大的損失，那就讓孩子拿著債務，去跟外面懂理財的人商討，有哪些解決的辦法。如果孩子的債務當下不償還會造成很大的損失，那就在幫孩子償還前講好條件，給孩子還你錢的方法。讓孩子自己跟你說，他必須做哪些改變，才能按時還你錢。你評估可行性，一起商討修正，一直到討論出一個大家都覺得滿意的方案。記得一定要討論，如果他沒有按商量的結果還你錢，懲罰是什麼。

接下來，你就要抓孩子做對的地方：如果他改變了生活習慣、花錢方式，就鼓勵他；如果他按你們討論的結果，按時還你錢，就鼓勵他。如果他沒有按同意的方式還錢，那你就一定給他懲罰。因爲你現在不罰他，往後你幫不了他了，他的懲罰很可能是房子被銀行沒收、被起訴、被告，丟了工作、失去家庭、坐監吃牢飯。

順手幫孩子把他沒做好的事做了，把他欠的債還掉了，的確很快、很簡單。但是你做了的事，只有你會，孩子並沒有學會，往後碰到了同樣的事，他還是不會。現在花點時間管理一下，不快、不簡單，但它卻可以杜絕往後更多的麻煩。

給成人子女的話

我常見到子女面對父母時，有無限的無奈。大部分的人都覺得，他們老了，改不了了，就忍忍吧。結果就是，這段親子關係中沒有享受、只有忍耐。做父母的不知子女的期盼和需求，按照原本的習慣不停的越界或嘮叨，子女則是不停的修行退讓，他們總是說，爸媽也沒剩多少時間了。這個被動的相處方式，最終演變成等父母仙逝。等父母走後，再來緬懷自己沒有跟父母說的話。其實，親子關係可以不這麼無奈，它可以更有品質。

如果，你的父母不是心裡期盼的那種父母。那你可以把希望父母改變的地方，一個一個用「管理方法」去修改。雖然年紀大的人因為習慣在潛意識裡繞了很久，比較難改。你會發現，話講開了，父母受到鼓勵了，不管他們多老，都還是可以改變。如果你嘗試努力了，父母還是不肯改變，那至少你試了，沒有任何損失，不枉有過這段特別的緣分。

10 別讓孩子變成一個罵也罵不動的人

爸媽只罵不罰，孩子就不會有動力

南邦在一家建築事務所上班，個性外向開朗，這是他一開始被錄用的原因，公司覺得他能夠在建築師與設計師和客戶溝通、互動時幫上忙。雖說南邦是建築師和設計師的助理，但他常常比他們還要晚到辦公室。有時他們請南邦跑腿辦事，南邦會說他現在在幫別人，很忙，或是答應了不做，最後都是別的同事幫忙完成。最麻煩的是，南邦常常在忙設計師本來應該做的事，他幫忙傳傳話，會給客戶不同的建議，讓設計流程大亂，最後設計師還要熬夜修改。老闆跟他談過幾次，南邦都一直點頭說會改，但依舊我行我素。最後，老闆急了用罵的，南邦就誠心悔過，但老闆知道南邦不怕罵，他嘴上說改，卻從不行動。最後，公司覺得南邦不但沒爲公司減輕業務，反而帶給公司太多其他的麻煩，只好資遣他。

一個人會不怕罵，是因爲在他成長過程中，罵，已經不算是痛苦經驗了。罵會失效，是因爲它被濫用，而且罵完了，本來的爛攤子有人幫著收掉了。通常這樣的人，來自於只罵不罰的父母。比如，父母會說：「你再這樣我就罰你。」但是，孩子再這樣，還是沒有懲罰。孩子會發現，頂多被罵罵，也不會少塊肉，而且平時很忙的爸媽，罵人時也不滑手機、不看電腦，是全神貫注的在關注他，多過癮。

秀珊是家裡的獨生女，備受父母疼愛。從小她不管做什麼，大家都是順著她。進入青春期後，秀珊開始叛逆，父母說不要做什麼，她就偏要做。她的房間亂成一團，爸媽給的信用卡亂刷、跟朋友出去玩總是太晚回家。秀珊的爸媽這時想要立規定，秀珊不理會，最後爸媽受不了了，就開始很嚴肅的罵她了，他們會說「你再亂刷卡，我們就要把你的卡剪了。」或是「你再晚回家，我們就要把你的手機沒收了。」「你再不收拾房間，我們就不給你買新電腦。」一開始，秀珊沒見過爸媽罵她，她會難過，有點怕，有時會哭，就開始收斂一些。但是，過了一陣子，她發現爸媽說要罰她，卻從來沒罰過。不只這樣，爸媽常罵完她房間亂，就幫她把房間收拾乾淨；或是罵她不收碗洗杯，罵完了卻幫她把碗和杯都洗好了。這下，她就不怕了。爸媽罵時，她就靜靜的聽，然後等爸媽氣完了，她就照樣我行我素。

一個人會出現罵也罵不動的情況，是因爲父母在管

•警告，創造痛苦經驗

•鼓勵，創造美好經驗

理他們之間的關係時，缺少了這兩步：

秀珊被罵後，有收斂過，但是，她做對時爸媽沒有即時鼓勵。然後，她重蹈覆轍又做錯時，爸媽也沒有即時留下痛苦的經驗。很多人以爲罵就是痛苦的經驗，但是，罵其實頂多算是一種溝通，如果罵多了，也並不是懲罰，而沒有懲罰，就是鼓勵。再加上，秀珊爸媽罵完了，常幫她把爛攤子收掉。可以說，秀珊會把爸媽的話當耳邊風，是因爲爸媽說到不做到。秀珊很容易就會以爲，到了學校、職場，人家罵完她，也會幫她把該做的做完。就像南邦那樣。

一個被罵疲了的人，任何溝通他們都很難聽得進去。由於成長過程中缺乏鼓勵和懲罰，所以孩子很難有動力。這樣的人到學校、到職場，都會是讓老師和老闆頭痛的人物，前途堪慮。如果你不希望孩子成爲一個罵也罵不動的人，那就不要只會罵，而要懂得適時的鼓勵和懲罰。

選選看：理清情緒界線

1 孩子老是丟三落四的，不是功課沒帶回來，就是不知道功課內容，要不然就是外套或手機不知掉在哪裡。孩子功課沒帶回來時，爸媽會罵他，但也會開車回學校幫他拿。孩子不知功課是什麼時，爸媽會罵他，但也會幫他找同學的電話，打去問同學功課是什麼。孩子的外套不知留在哪，爸媽會罵他，然後再帶他去買新外套。孩子不知手機掉哪裡，爸媽會罵他，然後再帶他去選新手機。這次校外教學，孩子的學校要去新加坡，爸媽把要交的錢給他帶去學校給老師，結果孩子到便利商店買東西掏那包錢時，把錢留在商店裡了，父母打電話去問，店長說沒見到。

孩子的爸媽應該怎麼做？

Ⓐ罵孩子「哎喲，你怎麼那麼不小心呢！」然後趕快幫他補交，以免孩子去不了校外教學。

Ⓑ跟孩子說，錢掉了就沒有了，所以孩子不能去校外教學了。

Ⓒ跟孩子說，錢沒了都是因為便利商店的店長吞了，孩子這次不能去校外教學，都是那家店長害的。

解答：

Ⓐ罵孩子「哎喲，你怎麼那麼不小心呢！」然後趕快幫他補交，以免孩子去不了校外教學。

如果這樣做了，孩子只知道，雖然錢弄丟了，但我還是去了校外教學，得到了鼓勵。也就是說，下次可以把爸媽的責罵當耳邊風，然後錢掉了也沒關係，反正爸媽還有。這樣可以預言的是，往後孩子還會掉更重要的東西。

Ⓑ跟孩子說，錢掉了就沒有了，所以孩子不能去校外教學了。

這樣孩子做錯的事，就會得到「自然懲罰」。也就是說，這個懲罰不是父母給的，是他做錯事時環境自然給他的。孩子得到這樣的自然懲罰，一定會有痛苦經驗，大家開心坐飛機去新加坡，他只能待在教室寫作業。他再也不想經歷這種痛苦經驗，所以下次一定要注意保管好自己的東西，不能再掉了。這輩子，孩子再也不會再掉錢了。爸媽不用罵，關係不受損，而且孩子自動能改變習慣，這就是自然懲罰最大的好處。

很多爸媽跟我說，那怎麼行呢？要是功課沒拿回來、沒問到功課，老師不是要扣分？要是外套不穿，那不是會著涼？要是手機不買給他，不是就找不到他？要是他沒去校外教學，不是就沒學到？我問爸媽，如果老師扣分，是你痛還是他痛？如果外套不穿，是你涼還是他涼？沒有手機你找不到他，是你急還是他急？如果他沒去校外教學，是你沒學到還是他沒學到？如果這些問題，你很難回答，那就該做一次「理清情緒界線」的功課。（133－134頁）

有很多爸媽問過我：「爲什麼歐美的爸媽見孩子摔倒了，不馬上過去扶孩子，難道他們不怕孩子痛嗎？」其實，歐美爸媽不是不怕孩子痛，但是，由於他們與孩子的情緒界線健康分離，所以他們知道，孩子摔了是因爲他沒走穩的自然懲罰。如果情緒界線不健康分離，要是父母怕孩子摔疼老是扶著孩子，往後孩子要再摔了，他就要怪父母沒扶穩。

	事情	答案	為什麼？
①	老師扣分	孩子的圈圈	老師扣的不是父母的分，是孩子的分，所以疼的應該是孩子。如果最後被扣了分，孩子不疼、父母疼，那表示父母和孩子的情緒界線還沒有健康分離。孩子也會覺得，分數成績是父母的，不是他的。既然不是他的事，那他為何要那麼努力？功課帶回來做什麼？但是，如果孩子覺得分數成績是他的，老師扣了分他會疼，那他一定會很注意功課是不是抄下來了，有沒有帶回家。
②	外套不穿	孩子的圈圈	孩子冷不冷，是孩子身體的事。如果孩子冷不知要加衣，那表示孩子與父母的身體界線都沒分離。孩子會覺得身體是父母的，不是他的，所以他不用照顧。既然身體不是他的，那有沒有外套也不是他的事。既然不是他的事，那外套放哪裡有什麼關係。但是，如果孩子覺得身體是他的，那他就會注意自己的冷熱，隨時加衣減衣。由於冷到的是他，所以外套一定要自己注意放在了哪裡。如果外套真掉了，他也要想辦法找回來，或者找舊外套穿。

③	沒了手機	孩子的圈圈	孩子小時候找不到爸媽是不是會哭？孩子會這樣是因為保護自己是與生俱來的本能。但是，如果父母老是遙控孩子，時時刻刻都要找到孩子，那孩子就會覺得安全這事跟他沒有關係。這也是孩子與父母的情緒界線沒有分離造成的，因為安危這樣的「感覺」，本應是在孩子界線內的事。但是，如果占據孩子的界線久了，孩子就會失去這些本能。所以，手機掉了找不到父母，也沒什麼可怕的。這樣的孩子長大時，常會跟陌生人搭訕，隨隨便便就把自己的手機號碼給別人，或是在網上很無知的就隨便公布私人的資訊。
④	沒去校外教學 沒學到東西	孩子的圈圈	沒學到東西，是孩子的事。但是，如果孩子沒學到東西，家長會緊張，那表示家長和孩子的情緒界線沒有健康分離。孩子會覺得，學不學得到東西，不是我的事。於是你給他報了一個很貴的補習班，他並不珍惜。或是你給他報了才藝，結果他愛練不練。既然學習不是他的事，那他為什麼要注意校外教學要繳的費用放哪兒了？如果學習真是他的事，那有校外教學的機會就會很珍惜，會小心翼翼的放好要交的錢。

但要是父母和孩子情緒界線健康分離了，父母如果不隨便介入，那孩子就會想，我要是下次不想再摔痛了，該怎麼辦？自然懲罰會帶來自然學習，所以下次孩子就會走得更穩。

Ⓒ跟孩子說，錢沒了都是因為便利商店的店長吞了，孩子這次不能去校外教學，都是那家店長害的。

這就像孩子摔倒了，爸媽不跟孩子討論下次怎麼做才不會摔著，卻打地板說：「都是地板的錯，地板壞壞！」這樣做最大的風險是，孩子往後如果希望得到不同的結果，不會想是自己哪裡必須改變，只能很被動的期盼下次環境能配合。他會希望下次地板平一點不再壞壞，或希望下次掉東西時碰到好一點的店長，卻不會想，我下次能做什麼才不會再有痛苦。

給成人子女的話

如果你發現，你常覺得老闆要你做的事，跟你沒有什麼切身相關，所以總是提不起勁去做，那你可能要做一下「理清情緒界線」的功課。

要記得，只要有薪水的交易，那專業上的事和老闆的事就變成了你的事。別人用薪資拜託你的事，現在就是你的事。

11 這樣做，孩子不會夾在兩個老闆中間，不知所措

夫妻管教不一致，老人加入亂成一團

方泰在一家由一對夫婦合開的公司裡工作。老闆人很好，從來不發脾氣，老闆娘卻是什麼情緒都表現在臉上。除了情緒表達有差別外，老闆和老闆娘的管理風格也很不一樣。方泰是管人事編排，有一次他修改了排班的方法，讓店裡的人手明顯不足。老闆拍拍他肩膀說，有時創新就是會失敗，不要太自責。老闆娘卻把方泰叫去臭罵了一頓，要他以後少自作主張，還威脅要扣他薪水，以補足公司的虧損。有時，老闆和老闆娘吵架，他們還會拿對方最喜歡的員工報復。類似的事情總是反覆發生，公司裡人人自危，不知到底做什麼才對。

方泰面對的，就是兩個管理不一致的老闆。當帶頭的人不只一個，而他們對要怎麼樣做才是對的和錯的，沒有一致的看法時，下面做事的人就會非常辛苦。同樣的道理，如果爸媽管教方法不一致，孩子也會很辛苦。比如，孩子成績下滑，媽媽罰扣零錢，但爸爸轉身就塞錢給孩子。或是餐桌上，爸媽對健康飲食的看法不同，所以媽媽說要多吃一點這個，爸爸說那不可以，這個只能吃一點點，孩子不知該吃什麼，最後失去胃口。如果這個家裡還住著祖

父母，而祖父母也參與管教，要是祖父母對孩子什麼做對和做錯，又跟父母不一致，那孩子可能一個人面對四套標準，每天都是在混亂中生活，沒有任何行爲準則可遵守。

如果，你期盼孩子能有一致的行爲，那你就要爲他營造一個管理方法一致的家。

選選看：避免管教方法不一致

1 〔延續祖林的故事〕祖林被老闆開除後，就每天窩在家裡打電動，父母問他工作找到沒，他都回很難找。祖林說他們的存款快空了，跟爸媽要錢。媽媽馬上說：「我等下匯錢到你戶頭裡。」祖林馬上抱住媽媽說：「媽！你最好了。」爸爸卻很生氣的說：「不行！就是你一直這樣把孩子寵壞了！只會給給給！最後孩子只會坐吃山空。」祖林就跟媽媽說：「媽！你看爸啦！就只會凶我！」然後對著爸爸說：「你爲什麼老是對我那麼不公平？弟弟跟你要錢你都給！」

Ⓐ 爸媽好好吵一架，把話都講開。

Ⓑ 爸爸開始跟祖林爭辯公不公平這件事。

Ⓒ 爸媽什麼也不再說，私底下討論出一個一致的決定。

Ⓓ 一個扮黑臉、一個扮白臉，讓祖林就範。

解答❶ 父母應該：

Ⓐ 爸媽好好吵一架，把話都講開。

在這一題裡，最大的問題其實是祖林的理財行爲，但是，父母要是吵起來，討論的就不會是要如何幫助祖林改變他的理財行爲，而是父母的管教方式差異，或是價値觀的差別。最後父母不但傷感情，而且最大的問題依舊沒有解決。這就是父母管教不一致最大的風險，孩子的行爲沒有得到修正，時間總是花在父母之間的爭吵或拔河。

所以，在這裡即使父母吵起來，把話都講開了，祖林還是一樣不懂得如何理財。

Ⓑ 爸爸開始跟祖林爭辯公不公平這件事。

如果爸爸開始跟祖林討論他到底對祖林是否公平，那就又離題了。問題並不是爸爸公不公平，而是祖林會不會理財。不只如此，父母跟孩子爭辯任何事情，都會讓孩子以爲那件事可以討價還價，父母的倫理排序也會變低。其實，爸爸說「不行」這句話，是一個決定、規定、也是告知，並不是要跟祖林討論。但是，現在如果爸爸一股腦的跟祖林爭辯他這樣做公不公平，那爸媽是不是要匯錢，就突然變得像是可以商量的事。

Ⓒ 爸媽什麼也不再說，私底下討論出一個一致的決定。

父母之間有歧見是必然的，因爲每一個人都成長於不同的家庭，帶來了不同的價值觀。但是，父母都應該有共識，那就是管教不一致，孩子一定會不知怎麼做才對，對孩子來說，是一個極大的壓力。

所以，爲了達成管教一致，有一個很好的方法，那就是先不討論到底要怎麼做，而討論現在孩子面臨最根源的問題是什麼？接下來父母要決定的不是「父母該做什麼？」而是「孩子該做什麼？」

比如祖林的父母會發現，祖林最根源的問題，就是不知道如何理財，不知道花的錢必須比賺得錢少、不懂得用錢的優先順序、不懂得投資。由於這是祖林的根源問題，所以現在父母要決定「祖林該做什麼」。既然祖林不會理財，那他該做的事，就是學會如何理財。如果父母不會教，就應該介紹專家來教他怎麼做。這樣從頭到尾，父母都不會挑戰彼此的價值觀，也沒有要一起做的事，歧見會減少很多。

Ⓓ 一個扮黑臉、一個扮白臉，讓祖林就範。

黑臉白臉這個技倆，是審犯人時用的，目的是想讓犯人認罪。祖林不是犯人，就算他承認錯誤了，也於事無補，因爲他的問題不是不想好好管錢，是不會管錢。所以，黑臉和白臉這樣的技倆，在讓犯人招供時很好用，但在家庭教育和管理時，實在效果不大。

2 孩子回到家就是打電動，功課常常沒寫完。爸媽要求他先寫完功課才可以打電動，但是每天照顧他的阿嬤卻從來不管他。孩子上課常打瞌睡，老師認爲是因爲他吃的不對造成的，爸媽要求他每餐都要吃肉，不能只吃甜的東西，阿嬤卻常塞甜食給他。

爸媽應該怎麼辦？

Ⓐ把阿嬤罵一頓。

Ⓑ把孩子罵一頓。

Ⓒ用管理方法，鼓勵阿嬤改變對孩子的管教。

Ⓓ請長假自己帶孩子，把孩子的習慣養好。

解答❷父母應該：

Ⓐ把阿嬤罵一頓。

孩子雖然不是阿嬤的孩子，爸媽卻把孩子給阿嬤帶。那在阿嬤帶的孩子的時間裡，阿嬤想怎麼管孩子，就都是在阿嬤的界線內了。既然如此，爸媽當然沒有資格怪阿嬤了。

Ⓑ把孩子罵一頓。

大人管教不一致，並不是孩子的錯。現在爸媽把對阿嬤的氣發在孩子身上，只會讓關係更損傷，讓情況更混亂。

Ⓒ用管理方法，鼓勵阿嬤改變對孩子的管教。

比如孩子不做功課先打電動這件事，先用肯定式溝通，跟阿嬤解釋爲什麼先做功課那麼重要，再跟阿嬤說孩子吵著要先打電動時，打電話給爸媽，讓爸媽拒絕孩子。如果阿嬤配合爸媽的管教，就大大的鼓勵阿嬤，再跟阿嬤說孫子功課進步了，都是阿嬤的功勞。

Ⓓ請長假自己帶孩子，把孩子的習慣養好再交給別人帶。

祖父母面對孫子，只有寵愛的心情，因此要他們拒絕孫子，本來就很困難。不能拒絕，就很難管教。因此，如果做父母的希望孩子的習慣能養好，比較保險的方法，就是先自己在家教育孩子，等孩子各方面習慣都養好了，再交給別人帶。

給成人子女的話

如果你們家的大人意見不一致，小的時候，你的生活會被他們的不一致影響，因為他們會一直做不同的決定，讓你無所適從。但現在你長大了，如果你們家的大人的意見還是不一致，那你就要把他們的界線還給他們，讓他們自己去處理歧見。由於現在你長大了，所有跟你相關的決定，就由你來決定，不要把決定權交給他們，他們的歧見就不會影響到你。

12 讓孩子樂於接受反饋

肯定式溝通，就是不帶人身攻擊的反饋

潘虹是一個自我要求很嚴格的人，做什麼事都是提早規畫，然後很有紀律的去完成。但是，她在這間公司裡做了五年，都沒有被肯定，升遷都沒有她的份，她感到很挫折。潘虹跟朋友吃飯時抱怨，自己做牛做馬，老闆都沒看到她做好的地方，卻都只有跟她說她哪裡做得不對。像昨天潘虹老闆跟她說，處理這位客戶的保險事宜時，最好不要給那麼多的承諾，給自己留點後路。老闆說，承諾的少但做到的多，客戶會更滿意。潘虹不服氣，說她跟這位客戶很熟，很了解客戶的個性，她覺得她這樣先承諾了，客戶才會對產品有興趣，對銷售有幫助……老闆後來不耐煩了，就說：「哎喲，反正你就照我說的去做就對了嘛！」

老闆給的意見，是專業上的意見，他並沒有對潘虹做人身攻擊，既然如此，老闆給的就是對潘虹工作上的反饋。一個人要有心胸能夠接受反饋，才不會故步自封，才可能進步。其實，每一個人原本都有接納反饋的心胸，會像潘虹這樣防衛自己的人，多數是小時候被攻擊過，或者接納反饋的心胸被「只有鼓勵」的家庭教育填滿了。

潘虹小時候做錯事，爸媽給她反饋時，很可能是夾帶著人身攻擊。比如，孩子數學題不

會解，家長會教怎麼樣做才對，但他們可能是一邊教一邊罵：「你是笨還是怎樣？連這麼簡單的題目都不會。」父母教孩子「怎麼做才對」是給予眞誠的反饋，但如果同時越界去攻擊孩子界線內的事，那往後孩子一見到類似的言語，就會直接防衛，保護自己，演變成一個習慣。這樣弄到最後，即使對方沒有人身攻擊，只有跟他說哪裡做錯，或是說怎麼做才對，這個孩子還是會把自己的牆築起，防衛自己。我們會覺得，這種人好像刺蝟，很難親近。在職場上，大家都很怕跟像刺蝟的人合作，因此不管他的能力再強，也很難有人敢親近。一個人是否有升遷機會，很多時候不是看工作能力，而是看別人喜不喜歡跟這個人相處。

另外一個可能是，潘虹從小都只有被鼓勵，父母很少跟她說她哪裡做錯，需要改進。所以潘虹會以爲，她做的都是對的。由於在家裡她沒有接受反饋的練習，所以出了家門聽到別人指正她、給她反饋，就很難接受。

所以，如果你希望孩子在職場上能夠有心胸接納反饋、接納別人的意見，那在家裡最好不要迴避孩子的錯誤，而溝通孩子的錯誤時，最好是肯定式溝通。因爲肯定式溝通並不做人身攻擊，它不越界，它只講哪裡做錯，或是要怎麼樣做才對。肯定式溝通，本身就是一個不帶人身攻擊的反饋，孩子習慣這樣的反饋，未來見到它，才不會直覺的防衛，或者無法接納。

選選看：鼓勵和肯定

1 孩子吃完飯的工作是幫忙洗碗。每一次他洗完，流理檯都像世界大戰結束，抹布菜瓜布四散，檯子上和地上都是水，瀝水網也塞滿了菜渣。基本上，孩子洗完碗後，爸媽都還要再清理一遍才行。

爸媽該怎麼做？

Ⓐ謝謝孩子為洗碗所做的努力，再用肯定式溝通讓他知道哪裡可以改進，最後示範一次洗完碗之後該怎麼收拾流理檯。

Ⓑ別的孩子都不做家事，孩子做家事已經很不錯了，所以算了。

Ⓒ為了不讓孩子洩氣，所以不管他做得如何，都要鼓勵他。

解答❶ 父母應該：

Ⓐ謝謝孩子為洗碗所做的努力，再用肯定式溝通讓他知道哪裡可以改進，最後示範一次洗完碗之後該怎麼收拾流理檯。最後抓孩子做對的時候鼓勵他。

這就是真誠的給予反饋。告訴孩子他哪裡做得不好，並不是攻擊他，是給他修正的機會。做家長的職責，並不是只有指出孩子的錯誤而已，因爲知道自己錯了，並不代表他就知道該怎麼做才對。所以，教育除了包含指正錯誤外，也包括了鼓勵做對的事。這樣的教育，才能算是個有品質的教育，這樣的教育，就是栽培。

Ⓑ別的孩子都不做家事，孩子做家事已經很不錯了，所以算了。

教孩子做家事，是因爲未來他進了職場，還是必須面對家事。如此一來，他家事做得愈快愈好，他就更能勝任職場的工作。所以，把孩子跟其他身旁的孩子拿來比較，對孩子並沒有好處，別人都不會的，孩子未來不一定不需要。因爲孩子眞正競爭的對象不只是他身旁的人，他眞正的競爭對象，是職場裡來自世界各國、各個年齡和背景的人。

Ⓒ為了不讓孩子洩氣，所以不管他做得如何，都要鼓勵他。

做錯了如果等於是摔跤，那爸媽最要害怕的並不是孩子會摔，而是他摔了以後爬不爬得起來。所以洩氣不重要，重要的是，他能不能再鼓起勇氣，嘗試做得更好。這是爲什麼，家長在給予反饋時，可以稱讚鼓勵孩子的努力，但卻不需要掩飾他做得不好的地方。孩子是世上最有韌性的人類，絕對能夠承受眞誠的反饋，當他們因爲精進而得到鼓勵時，那個甜美的滋味，是他贏來的，那個滋味，只有贏得的人才懂。

2 從小，家長就覺得孩子學什麼，有興趣最重要，所以從沒有要求過孩子的成績。孩子國中後第一次拿成績單回家，數學不及格。爸媽在家長會時問老師怎麼回事，老師對爸媽說，孩子對數學比較沒興趣，平時課堂習題與功課，並沒有認真好好的做。由於孩子沒興趣，即使不會，也不願意去問別人。

爸媽應該怎麼辦？

Ⓐ 開始用肯定式溝通，給孩子真誠的反饋。

Ⓑ 教孩子去學校跟老師要分數。

Ⓒ 堅持不給孩子成績上的壓力，繼續鼓勵孩子，給他自信。

解答❷ 父母應該：

Ⓐ 開始用肯定式溝通，給孩子真誠的反饋。

孩子還沒進職場前，他的工作就是上學。職場裡有考績，學校裡有成績。考績不能決定一個人的能力，就像成績不能決定一個人的天分。但是，考績和成績，都是對於工作的反饋。在考績和成績的背後，都有一個人為什麼會得到這個結果的原因，它們不見得完全公平、公正或客觀，但絕對有參考的價值。這些得到考績和成績背後的原因，是一個人知道要如何改進才可能增進考績或成績的重要參考。

孩子對數學比較沒興趣，「喜不喜歡」是在孩子界線內的事，爸媽要是想去改變，就越界了。但是孩子現階段的工作就是學業，而在工作裡本來就會出現那些我們不喜歡做的事，但這不表示我們能因爲不喜歡就把它搞砸，更不表示我們能因爲不喜歡就不盡力。孩子數學成績不及格，背後的原因是他「課堂習題和功課沒有認眞做，然後不會卻不去問別人。」這些，都是孩子可以改正的地方。

所以，爸媽在跟孩子溝通這事時，無須越界去討論到底他喜不喜歡數學，因爲他喜不喜歡數學是他界線內的事。他們只需要讓他知道，他哪裡還沒有盡力，然後再提供爸媽哪裡能夠協助的選擇。這樣孩子才會知道，他哪裡還可以做得更好。這樣他才會習慣別人給予反饋，也才懂得如何使用反饋改進自己，他才能夠不斷進步。

Ⓑ 教孩子去學校跟老師要分數。

其實老師不給孩子分數，對老師並沒有好處。分數是孩子要來的，並不是孩子贏來的，對孩子也沒有好處。因爲分數其實不是核心，眞正有用的東西，在取得分數的有效方法和習慣。要到了分數，卻沒有改變做功課的習慣、沒有改變考試技巧，那這個分數，就失去參考價值與教育功能了。

ⓒ堅持不給孩子成績上的壓力，繼續鼓勵孩子，給他自信。

自信，之所以稱爲「自」信，是因爲那要是我們「自己」贏得的，才算數。就好像孩子摔了，學會了自己站起來，在再度站起來的那一刻，他取得的就是自信，因爲那是他「自己」辦到的，由於困難是自己克服的，所以最相信的就會是自己。可是，如果那個自信，是操弄改變環境得來的，那孩子在第一次被擊倒時，就很可能再也爬不起來了。就好像一個孩子從沒摔過，是因爲父母把環境調整得沒有阻礙。那他出了門，環境不能再受父母控制時，這下他摔了，就可能不相信自己能夠再度站起來。所以，如果孩子沒做對時就得到鼓勵，那個自信是假的。

如果在家裡，父母不教孩子把成績當反饋在看，如果父母不教孩子看他成績背後的原因，那往後，孩子就不懂得把考績當在職場上精進的工具。

③ **孩子回來抱怨老師，說老師總是罵他懶，他很不服氣，覺得自己很努力，並不懶。孩子說，像昨天考卷發下來了，數學考得比較差，老師指著他的考卷說：「在家要多練習呀，不要那麼懶！」然後今天打掃時，他還沒有擦完負責的桌子，老師看到就說：「你這裡也要擦知道嗎？不要老想偷懶！」孩子很生氣的說：「但我根本沒有想偷懶呀！」**

爸媽該怎麼做？

Ⓐ要孩子不要生氣，教孩子忍氣吞聲才不會惹到老師，傷到自己。

Ⓑ直接去找老師理論。

Ⓒ教孩子管理方法，去管理他和老師之間的關係。

解答❸父母應該：

Ⓐ要孩子不要生氣，教孩子忍氣吞聲才不會惹到老師，傷到自己。

孩子會生氣，一定有道理。老師要孩子多練習題目、要孩子擦好桌子，都是好的反饋。但老師說孩子偷懶，卻是一種指控。由於偷懶是做事的用意，那是在孩子的界線內，只要有人置評，就是越界，只要越界，孩子自然會有情緒。當孩子的情緒警報器響了，父母不教孩子，要如何防衛自己的界線，那孩子就不可能建立內在權威。沒有內在權威，往後他的界線還是會被人踩。孩子長大了，到了職場，他唯一懂得自保的方法，就還是忍氣吞聲。

Ⓑ直接去找老師理論。

現在父母代替孩子跟老師溝通，孩子如果長大後也碰到這種情況，在給反饋時做人身攻擊的老闆，那時他就不知道該如何保護自己。

Ⓒ教孩子管理方法，去管理他和老師之間的關係。

當孩子有情緒時，父母要教導孩子如何使用情緒。使用情緒的第一步，就是找出情緒爲什麼會出現。老師要學生多練習題目、老師要求學生擦好桌子，那都是反饋，並沒有錯，那孩子的情緒到底從哪裡來？孩子如果接納和肯定自己的情緒，不去懷疑自己是不是多想，那他就會深入去想，到底自己爲什麼會生氣。最後他會發現他生氣，是因爲老師指控他偷懶。

當孩子知道爲什麼自己會有情緒後，父母就要問他，他希望老師以後怎麼做？他希望老師改變，就一定要給一個解決辦法。孩子可能會想，老師以後可以教他該怎麼改進，但是不要指控他做事的態度。這時，父母就可以扮演老師，讓孩子在家多練習幾次，要怎麼用肯定式溝通跟老師說這件事。

然後在孩子跟老師講完這件事後，就要提醒孩子開始抓老師做對的時候。當老師下次不再指控孩子時，提醒孩子馬上給老師寫感謝卡。

這樣，孩子就知道要如何管理他與老師之間的關係，往後，他也絕對能夠管理好他跟老闆之間的關係。

給成人子女的話

如果你發現別人一說你做錯什麼時，你就出現身體上的反應，比如心跳加速、口乾舌燥、眼冒金星、手掌冒汗、思緒混亂，或者別人一說你做錯什麼時，你就想防衛自己、你想爭辯、你講話會變得大聲、你說話會開始變快，那你可能有創傷症侯群（PTSD）。

也就是說，曾經有人在跟你說你做錯什麼事時，同時攻擊過你。比如，你可能沒有做好家事，就像灰姑娘一樣被罵得一無是處。或者，你可能功課沒有寫好，就被罵手笨人笨。人只要被攻擊，就可能形成創傷。身體處理創傷，就是記憶好這個受創的情境，只要往後有類似的情境，就馬上判定為危險，這樣你才能即時保護自己。因此當初受創時的身體感覺和情緒，也都會在這時被釋放。你會說，怎麼可能被罵一下就有創傷哦！其實，很多創傷是累積形成的，我們稱它為慢性創傷症候群（Complex PTSD）。長時間累積下來的創傷，可能也會在相似的情境下，爆發慢性創傷症候群。

如果你有這樣的情況，那最好的方法不是逃避，而是接納，接納那個你當初受創時出現的情緒。情緒是為了要保護我們才存在的，如果它發現我們不理它，它就會開始掌控我們的行為。這時，我們就無法好好思考要怎麼樣做、要怎麼樣溝通才最有效，常常會做出讓自己後悔的事。

只有正視這個問題，清楚的拆離人身攻擊和反饋，你才有可能真正的接受反饋。

想要了解更多有關創傷症候群和慢性創傷症候群的資訊，請參見《守衛你的情緒界線》。

13 這樣做，孩子能夠肯定自己

情緒界線的肯定，不需要別人核准

你有沒有想過，我們爲什麼要肯定自己？肯定自己有什麼好處？肯定自己、肯定自己，到底是要肯定自己的什麼啦？

靜惠（參見15頁）要是被教授拿自己的升學機會威脅時，能夠肯定自己，那她就不會被性侵。文豪（參見15頁）要是在學長給他貼「換工作就是不講道義」的標籤時，能夠肯定自己，那他就會找到一個更適合自己的工作。我的兩個女兒（參見28頁）要是在她們的爸爸罵他們不孝時，能夠肯定自己，就不會被爸爸搶錢。雅惠（參見30頁）要是在老闆打她的頭，指控她偷懶瞌睡時，能夠肯定自己，她就不會被老闆霸凌到要去罰站。懷逸（參見29和71頁）要是在老師一剛開始故意挑剔他時，就能夠肯定自己，那他最後就不可能被老師霸凌。祖林的父母要是在祖林強迫他們幫忙還債時，能夠肯定自己，就不會把支援自己退休生活的房子給賣了。小綱（參見70頁）要是在老闆罵他是腦殘時，能夠肯定自己，那他就不會允許任何人再次這樣對他講話。甜甜（參見78頁）的上司要是能夠肯定自己，甜甜也不會在他手下做得那麼累。查理（參見79頁）在帶音樂班時，在學生搗蛋時要是能肯定自己，音樂班也不會亂成一團，最後出現受傷事件。湯健（參見88頁）的老闆在他的背後跟大老闆告狀，說他講都講不聽，但其實湯健的老闆根本都沒跟他說過哪裡要改正。如果湯健在大老闆跟他講這件事時，懂得肯定自己，那老闆就不能再對他被動攻擊了。

如果以上這些人想要消災解難，那他們要肯定的，就是自己的情緒跟感覺。我們的「自我」是包圍在界線內，那個界線的護衛，就是情緒。所以肯定自己的情緒，就是守衛自己，也就是肯定自己。因此，懂得肯定自己的人，一定不會在他的情緒出現時，懷疑情緒、審判情緒，他也不會允許他人貶低或壓抑自己的情緒。肯定自己，是從小就培養出來的習慣，而培養這個習慣的地方，就是家庭教育。

所以，如果想要孩子懂得肯定自己，父母就必須在孩子面前示範肯定自己的情緒，也必須學著接納與肯定孩子的情緒。當孩子會肯定自己，就像有了超強免疫力一樣，不管面對什麼樣的環境，遇到了什麼樣的人，他的情緒都會保護好他，給他智慧處理複雜的關係。懂得肯定自己的孩子，就懂得有效使用情緒，不會把情緒擺在身體裡讓它腐敗。他會選擇有效溝通，更懂得有效管理，所以他有改變環境的魔力。

懂得肯定自己的孩子，最強大的力量來自他對自己界線內一切的肯定。他的喜好、價值觀、決定、夢想，他都自我肯定，也因此會很喜歡自己，也容易快樂。

最後，就因爲他是誰、他的一切，他都能自我肯定，不需要尋求他人的肯定。即使別人不肯定他，他也不會懷疑自己、感到挫敗、或是想不開，因爲他只需要自我肯定。不需要他人肯定，也就表示他不需要他人核准，這樣他就是一個眞正自由的人。如果孩子成爲一個眞正自由的人，他們就能夠在這個世間毫無恐懼的任意探索翺翔。

第二章　與平位相處

管理同事　兄姊 ➡ 同學 ➡ 同事

1 這樣做，孩子不會與同事惡性競爭

守衛情緒界線，避免挑撥離間

小新和美蓮在同一組工作，老闆很愛比較他們。比如，老闆會跟美蓮說：「你看小新做事，就是比你有幹勁，不像你那麼拖拉。」老闆可能也會說：「這是小新跟我說的，他覺得這就是你最大的弱點，所以跟你合作起來很辛苦。」或者老闆會跟小新說：「美蓮就是比你有耐心，所以凡事都比較小心謹慎，錯誤少很多。」老闆可能也會補充：「美蓮就是覺得你做事太衝動了，常必須幫你收爛攤子，她很累。」就因爲如此，小新和美蓮常常私下較勁，誰也不讓誰，這樣傷害的是他們的合作關係。很多專案都需要借重他們的專業才能完成，但由於小新和美蓮很難互信合作，影響到很多專案的完成品質。

小新和美蓮的老闆，採用的管理方式是比較，他溝通的方法是挑撥離間。老闆希望透過比較，來激勵另外一方能夠更努力的想要超越。老闆會用挑撥離間的方法講話，是因爲他對這個人有評價，但他不想承認，所以藉別人的口來說。這樣的溝通和管理方式，受傷最深的是合作關係。

在家裡，父母也常會掉入同樣的管理陷阱。由於希望激勵孩子，所以拿孩子來跟別的孩子比較。或者，父母有時自己不會肯定式溝通，有情緒或想要批評孩子時卻說不出口，就說是別人的感覺，或是別人是這樣講的，自己只是旁觀轉述。這樣做的結果，就是那個被拿來跟孩子比較的人，會變成他的死敵。而那個父母借來代替自己口的人，孩子也不會信任。如果那個被拿來跟孩子比較的人，是孩子的兄弟姊妹，那就奠定了孩子與兄弟姊妹之間的敵對關係。如果父母借來代替自己口的人，是孩子的爸爸或媽媽，那孩子就不可能與那個人有互信的良好關係。父母並不是不希望孩子和別人合作或關係良好，但因為父母不懂得如何激勵和管理，又希望自己能與孩子有好的關係，所以在教育孩子的過程中，犧牲掉孩子與其他人的關係。

麗美和靜香是最要好的朋友，每天都一起上學、走路回家，而且她們剛好是班長和副班長。由於她們倆感情好，攜手合作，把班上管理得很好，整潔和紀律每個月都是全校前幾名。班導師覺得她們感情太好，可能會有事瞞著老師，私下解決，所以都是找她們單獨談話。老師如果有什麼想要她們改正的事，通常不願意直說，因為她不想傷害自己與班長和副班長的關係。所以，老師會說：「靜香，你能不能改一下這裡，因為麗美也覺得你現在這樣做，其實沒有什麼效率。」或者說：「麗美，靜香是覺得你這次的決定其實不太好，靜香因為是副班長，不想跟你爭辯，才沒跟你說的。」或者，老師會跟靜香說：「我讓麗美做班長真是選對人了，她考慮事情是比你周全一些。」老師也會跟麗美說：「靜香雖然是副班長，但是我覺得她考慮事情有時比你周全哦。」漸漸的，靜香和麗美不再相信對方，不再一起上學、回家，她們的溝通愈來愈少，感情也愈淡薄。最後，這個班的班長和副班長不再跟對方講話，都想盡辦法在老師面前表現自己。由於班長和副班長都只想要自我表現，常忽略了什麼是對班上好，而不再合作，最後整個班的表現愈來愈差。

如果，你不希望孩子在職場裡跟同事惡性競爭，那你在家裡就不要拿孩子跟別人比較。如果你不希望孩子能夠指認得出「挑撥離間」的管理模式，那你在家裡就應該使用肯定式溝通，說你自己的感覺，給你想給的反饋，不要借別人的口來做這件事。

選選看：避免挑撥離間

1 這個家裡有兩個孩子，老大和老二的年齡差不多，但個性差很多。老大沉穩乖巧，父母說什麼都做得好好的。老二則調皮好動，常常忘三忘四。爸媽常跟老二說：「你爲什麼不學學你姊姊，像她那樣乖巧就好了。」老二也不知爲什麼，就是看姊姊不順眼，他動不動就要去拉姊姊的頭髮，踹姊姊的小腿肚。老二愈是這樣，家長就愈要拿他們來比較，感嘆同一個娘胎怎會生出兩個那麼不同的人。這天，老大和老二又吵起來了，姊姊對弟弟說：「你就是什麼都做不好，爸媽怎會生出你這種小孩！」弟弟一氣起來，就把姊姊的作業撕了，他們哭成一團。

爸媽該怎麼做？

Ⓐ小孩子吵架很正常，不要去管他們，長大自然就好了。

Ⓑ教他們肯定式溝通，要他們再跟對方溝通一次給你看。如果孩子已經會肯定式溝通，跟對方說話也都有用肯定式溝通了，但感情卻還是不好，那父母就要檢討一下，自己是否有比較兩個孩子。

Ⓒ爸媽做裁判，看是哪一邊先開始的，就罰那邊。

解答❶父母應該：

Ⓐ小孩子吵架很正常，不要去管他們，長大自然就好了。

很多家長都覺得小孩因爲年紀小才吵架，長大就會好了。其實不然，很多大人也會吵架，所以會吵架跟年齡無關，會吵架跟溝通方法和溝通技能有關。而溝通方法和技能，要學習才可能會，沒學會，人長大了吵架還是會跟小孩子一樣。小孩子是切八段，大人則是不跟你來往，應對的方法其實一模一樣。所以，如果家長不希望孩子長大後，還是爭吵不休，那就要在他們還小時，教他們怎麼有效的互相溝通。否則長大了老死不相往來，或是對簿公堂，都是小時候爭吵的延伸而已。

Ⓑ教他們肯定式溝通，要他們再跟對方溝通一次給你看。如果孩子已經會肯定式溝通，跟對方說話也都有用肯定式溝通了，但感情卻還是不好，那父母就要檢討一下，自己是否有比較兩個孩子。

孩子吵架，一定是有人越界，常常是一言不合，就你越我界、我越你界，我攻擊你，你再反過來攻擊我。所以，孩子吵架，是教育肯定式溝通的絕佳時機。這時，可以教育孩子什麼是肯定式溝通，把這種溝通裡的必要元素教給孩子，爸媽再示範一次給孩子看，如果他們有衝突時，該如何肯定式溝通。最後，再要求孩子互相練習一遍，你們可以在旁邊指導。但是要記得，小孩吵架如果沒有來找你解決，你就應該讓他們自己解決，不要隨便介入。

如果，孩子都會肯定式溝通，也都有用肯定式溝通對話，但感情卻還是不好，那父母第一個就要檢討，自己是否有不小心比較他們的言語或行動。因爲與手足感情好是天性，他們之間會有無法修復的裂痕，多是來自於父母的比較或偏心。

Ⓒ爸媽做裁判，看是哪一邊先開始的，就罰那邊。

這樣直接處罰孩子，卻忽略孩子互動裡該教育的地方。就是沒有教到你們不能這樣吵，那應該怎麼互動。這樣孩子被罰完了，還是不會好好溝通和互動。更不用說，不管父母罰哪一邊，孩子都覺得爸媽偏心。

所以最好的方法是要求孩子互動時一定要用肯定式溝通，不能越界。然後如果孩子沒有用這樣的方式來解決衝突就來找爸媽，那就兩個一起罰。我這樣要求孩子做以後，常聽見一個人對另外一個人說：「你不要去找爸媽，你回來，我跟你好好溝通。」然後他們此後就能自己解決衝突，相處愉快。

2

麗美回家跟父母說靜香跟老師告狀，說她不是一個稱職的好班長，讓她非常生氣！她跟父母說，再也不要跟靜香一起走路上學了。

父母該怎麼回應？

Ⓐ跟麗美說，學生的本業是念書，不要交太多朋友，不要管別人，把書念好就好了。

Ⓑ打電話去找靜香，警告她不要再跟老師說麗美的壞話。

Ⓒ鼓勵麗美跟靜香用肯定式溝通，好好談談。

解答❷ 父母應該：

Ⓐ跟麗美說，學生的本業是念書，不要交太多朋友，不要管別人，把書念好就好了。

如果我們希望孩子去學校只要把書念好，最好不要跟別人玩，那就沒賺到了。學校最重要的功能，並不只是取得知識，而是演習要如何跟他人互動。懂得互動的人，到了職場會有很多優勢。麗美這次與同學之間發生了矛盾，如果不學習處理，往後到職場跟同事遇上了相同的問題，還是不會處理，把書念得再好，也沒有用。

Ⓑ打電話去找靜香，警告她不要再跟老師說麗美的壞話。

靜香是麗美的朋友，家長若出面威脅，兩人的問題不可能解決，只可能加劇。孩子現在沒有學到要如何處理跟同學之間的關係，往後還是不會處理跟同事的關係。往後，家長總不可能打電話給麗美的同事，警告同事不可以再跟老闆說麗美的壞話吧！

Ⓒ鼓勵麗美跟靜香用肯定式溝通，好好談談。

既然麗美對靜香有情緒，就應該與靜香溝通她到底有什麼情緒，那個情緒是怎麼來的。當麗美和靜香溝通到這裡，就會發現靜香根本沒有跟老師講她做得不好。她們倆話講開了，就會發現是老師在挑撥離間。當她們知道眞相了，就不會再被別人操弄了，也不會因爲合作與情感破裂，而變成兩個人都被孤立了。這樣麗美往後跟同事相處，也會記得不要只聽片面之辭，有什麼事，最好直接找當事人講清楚。

給成人子女的話

如果你和兄弟姊妹一直處不好，建議檢視一下父母與你們溝通的方法。我有一個諮商客戶，常常與兄弟姊妹吵架。主因不外乎是，爸媽打電話給姊姊，說嫂嫂對他們不好。然後姊姊就找哥嫂質問，大家就吵起來。要不然就是爸媽跟哥嫂說，出去跟小妹吃飯時，小妹都不付錢。哥哥就去說小妹一頓，小妹就不跟哥嫂講話，就這樣一直循環。一直到我的諮商客戶把全部兄弟姊妹都找來，商討出一個家裡的溝通原則：如果爸媽說的是別人，那就鼓勵爸媽跟那個人直接溝通，不要介入插手。比如，爸媽跟姊姊說嫂嫂對他們不好，姊姊就要鼓勵爸媽，直接去跟嫂嫂溝通，把他們的感覺跟嫂嫂明說。或是爸媽跟大哥說小妹的不是，大哥就要鼓勵爸媽去跟小妹直接溝通他們的感覺。之後，家庭安寧無比。

諮商小案例

挑撥離間，不只能把好朋友的友情給挑掉，連親子之間也很可能會發生同樣的情況。我以前有一個家庭諮商的案子就是這樣。這家人來找我，是因為他們全家無法相處，一直大吵小吵不斷。我諮商後發現，這家媽媽有挑撥離間的溝通習慣。

比如，先生回家很累了，對太太講話口氣差，太太上班一整天，回到家還要煮晚餐，先生回家卻這樣對自己，覺得很委屈。太太就跟先生說：「就是因為你常常會這樣陰陽怪氣的，所以孩子都不願跟你親近。」先生很氣的問：「孩子都說我什麼？」太太就慢慢的說：「孩子就說你常會無緣無故的對他發脾氣呀！他都說爸爸是一個臉很臭的人。」還有一次，孩子遲交功課被扣分，媽媽想要教訓孩子，卻不想破壞跟孩子的關係，所以就說：「你爸就常說，你這孩子天生懶，愛拖拉，你看遲交被扣分了吧！」媽媽抱怨說不知道為什麼，這孩子和爸爸非常疏遠，盡量不講話，如果碰上了非講話不可的時候，一定會吵起來。

孩子和爸爸會疏遠，總是看對方不順眼，是因為有一個他們都非常信任的人居中挑撥離間。我們會挑撥離間，常不是有意識的在做，是因為我們不想用自己的口直接給對方反饋，就借別人的口來用，並沒有思考過這樣做的後果是什麼。

所以，要預防挑撥離間帶來的傷害，就是要提醒自己，有什麼事想說，親自使用肯定式溝通去說。另外，如果你聽到A跟你說，B這樣講你，不管你有多信任A，都最好親自去跟B溝通這件事。

宇凡的悄悄話——家有叛徒

我們都知道，大人在面對孩子時要一致（united front）。但只要是人，面對可愛的孩子，都想討好。人的本性，也都想拉攏別人站在我們這一邊。大人，也是人。所以，大人也會下意識的排除異己、拉攏討好孩子，這個過程細微難以覺察。有時，面對孩子，即使大人看起來做的決定是一致的，但私底下，幾句言語其實就能造成分裂，讓孩子埋怨不已。

比如，爸媽跟小孩說，吃飯前不可以吃糖。媽媽卻看不得孩子想吃糖的樣子，就跟孩子說：「你爸爸就是這樣，吃一顆糖哪能飽呢？是吧！」雖然媽媽沒給孩子糖，卻表明她是站在孩子這一邊的，那孩子就會恨爸爸囉。等一下鬧起來，孩子就會覺得自己特別的有理，跟爸爸之間的分裂，很可能是這樣來的。

我記得大女兒小時候，每天晚餐都要跟我槓上，她會跟我說我做的菜不好吃，她要等爸爸回家，爸爸做了她才吃。我每天都氣得半死。我先生那時常忙到晚上十點才進門，我跟他說孩子不願吃我的菜只願等他，如果他也跟孩子說，媽媽要你吃飯的時候你就要吃，那時不吃現在也不要吃，不出兩天，孩子就會聽我的話了。但是，先生總是很感動孩子等他、只吃他做的菜。所以他一進門就會把我做的菜全部重炒，然後跟女兒很甜蜜的一起吃晚餐吃到快半夜。此後即使我和先生一起管教她，她記憶裡唯一有擋過她路的人，卻只有她媽。

有時，大人狠不下心來拒絕孩子，就推到另一個大人身上。就像我女兒小時候只要一見她爺爺奶奶一起坐車，就不坐安全椅，要坐到前座爺爺的腿上。爺爺也知道，美國對小孩不坐安全椅罰得很重，而且車速快，不扣好很危險，但爺爺一邊把女兒扣進安全椅裡，就會一邊說：「哎呀，你媽媽說你不可以坐爺爺腿上哦，你要聽媽媽的話。」現在，壞人又是媽，孩子一路上不乖乖坐好，怨聲載道，危險不已。

大人要一致，意思是，在這個給孩子的規定下，大人是站在同一邊的。

大人的圈圈　　孩子的圈圈

孩子必須覺得，這個決定是大人一起做的，他們每一個人都是這麼認為的，這個規定才有效，孩子才會欣然接受大家的決定，不會覺得還有討價還價的空間。比如，我公公在把我女兒扣進安全椅裡時，應該說：「你不坐安全椅很危險的，坐好不要亂動。」公公說話應該要代表自己，而他代表的自己，跟整個大人圈圈裡的人決定必須是一樣的。所以，如果其中有一個大人跑去跟孩子說，這並不是他的決定、他不是這樣想的，即使這個大人沒有破壞規定，其實他也已經出賣圈圈裡其他的大人了。在戰爭時代，這就是叛徒的行為。

你想想，家裡有叛徒，怎麼避免分裂？家中怎可能不戰火連綿呢？在這個分裂、拉攏、討好的過程中，最大輸家、受傷最深的必定是孩子。孩子還小，對多數的事情還沒有定見，可是如果大人們給了他規定，又有大人跟他說，其實這個規定也不是很有道理，孩子一定會覺得自己很倒楣、很容易就怨天尤人、很容易不開心。

戰時有叛徒，國必敗。管教時有叛徒，家必敗。

2孩子不是只有霸凌同事或被同事霸凌兩個選項

接納別人的情緒

思杰是公司的資深員工，他跟剛進公司的年輕可馨是同事，職等都是專業工程師，卻常要可馨去幫他買咖啡、買早餐。可馨其實很不服氣，因爲她又不是秘書，但她覺得自己是新進人員，也不想破壞同事間的和氣，所以就忍著去做。後來，思杰不但要可馨去買東西，還開始要可馨做他的工作。可馨的工作量已經很重了，再加上思杰的工作，根本就沒時間睡覺。可馨有跟思杰抱怨，這明明是他的工作，不該由她來做，思杰就會說：「你們現在新來的好嬌嫩哦！我記得我剛進公司時，什麼事我都做，從來都沒有抱怨過！」可馨怕自己看起來像是一個只會抱怨的人，就繼續承擔思杰一部分的工作量。思杰個性外向，談吐幽默，人緣很好，在同一組裡他跟大家都熟，常會很熱心的幫大家的忙，有人加班（包括可馨在內），他都會留下來陪著。他常在午休時間跟同組同事一起去吃飯，然後跟大家說可馨能力比較差，沒時間去吃飯，他們去就好。也因此，可馨在同組內就被孤立了，他們講笑話，她都聽不懂，常常一群人突然爆笑，她只能在那裡傻笑。可馨最受不了的是，她幫思杰完成工作，他不但不感謝，而且還要評論她哪裡做得不好，然後如果那項工作受到老闆的讚賞，思杰也會毫不猶豫的剽竊可馨的工作成果。如果老闆讚賞可馨，思杰還會很厚臉皮的跟老闆說，帶新人是像他這種資深老鳥的責任。

這就是職場裡的同事霸凌，思杰是霸凌的那方，可馨是被霸凌的那方。

簡單的說，霸凌就是「我踩著你的界線，霸占為己有」。可馨的時間是在她界線內，思杰占用可馨的時間，就是越界。其實，我們平時也都可能一不小心越其他人的界線，但是當別人說他們有什麼感受時，我們會注意下次不再踩線。問題是，可馨跟思杰抱怨後，思杰卻說：「你們現在新來的好嬌嫩哦！我記得我剛進公司時，什麼事都做，從沒有抱怨過！」這是在抹滅、貶低可馨的感覺。思杰是在說，可馨會有這種感覺和情緒不是因為他踩線，而是因為她太嬌嫩了。

一個人踩到了另一個人的界線很正常，但那個被踩的出聲抗議了，踩的人卻堅持要踩線不放，這就叫「霸占」，那是一種「我就是要把你的當作是我的，怎樣？」的態度。當一個人要霸占另一個人的界線時，他第一要務，就是卸除這個人界線的警報器，因為只有成功卸除了界線的警報器，他才可能繼續霸占著那個人的界線。所以，霸凌者就會不斷的抹滅、貶低被霸凌者的情緒。

霸凌者的第二要務，就是孤立被霸凌者。這個原理很簡單，人只要一落單，就容易脆弱、就容易欺壓。這時，霸凌者可能會挑撥離間，或像思杰一樣，用照顧可馨的態度，去分離她和群眾相處的機會。所以思杰老是好像要給可馨多點時間，把大家帶開去吃飯。

被霸凌的人一開始會像可馨那樣，基於禮貌，尊重倫理排序，所以去幫忙。心裡不舒服時，看到霸凌者照顧和保護別人，又開始懷疑自己的情緒是不是多餘，所以就沒講。霸凌者發現他踩了這個人的線，但這人竟沒出聲時，他不會覺得這是因為對方講禮貌，或者是對方在尊重倫理排序——就像思杰那樣——他會以為，原來可馨排序比他低，既然排序比他低，那只要是可馨的，也就是他的了。

被霸凌者有時候會開始懷疑自己的情緒，覺得是不是自己多想、還是自己太敏感、太囉嗦，是因為霸凌者都很照顧和保護別人。就像思杰即使自己不加班，還是會留下來陪同事那樣。大家都以為霸凌者一定很凶很壞，這跟一個會照顧和保護他人的人形象不符。其實，霸凌者經常都是那個最照顧和保護他人的人。霸凌者都是狼，在狼的世界裡沒有道德禮義，在狼的世界裡只有排序。當狼覺得他的排序比大家都高時，他就特別要照顧和保護大家。就好像黑幫老大那樣，只要你是我的人，我一定會照顧你和保護你，為你死我也願意，但是，你必須是我的人，你的界線必須給我。既然你是他的人，你的界線都給了他，那他踩你，就是理所當然的囉！那他踩你，你怎麼可以出聲咧！那可馨去幫思杰買咖啡、那可馨幫思杰做事、那思杰批評可馨做的事，那可馨做的事就是思杰的功勞，就都是理所當然的呀！就因為被霸凌者會出現這樣的自我懷疑，所以霸凌常常變成一個循環，被霸凌的人覺得沒有出路，每天去上班都是折磨。

如果你不希望自己的孩子變成職場中的霸凌者，也不希望你的孩子成為被霸凌的那一個，那你就不要小看兄弟姊妹或孩子跟同學吵架這種事。兄弟姊妹之間的相處、同學之間的相處，是教育界線、預防孩子變成霸凌者和被霸凌者的最佳時機。

選選看：守衛界線，杜絕霸凌

① 文昌是家裡唯一的男孩，爺爺奶奶疼得不得了，什麼事都讓著他。文昌有一個姊姊文婷，文婷善解人意又懂事，她比弟弟大三歲，所以也是事事都讓著他。有一年元宵節，全校比賽做燈籠，文婷用她的巧手，花了好幾個小時，做了一個精美的燈籠。文昌做事向來很隨便，所以花不到一小時就做了一個很普通的燈籠。第二天作品要交出去了，文昌在姊姊拿燈籠給媽媽看時，看到了姊姊的燈籠。文昌就跑去跟文婷要這個燈籠，堅持要跟姊姊交換，姊姊不願意，文昌就開始大哭。姊姊說：「這是我花了很多心思才做好的燈籠，我想拿它去比賽，我覺得它可以得獎。」文昌一聽，就哭得更大聲了，他說：「姊姊眞小氣，只爲了得獎，連一個小小的燈籠都不願意給我。沒想到我連一個燈籠都不如。」姊姊這下也急哭了，她一邊擦眼淚一邊解釋：「我不是覺得這燈籠比你重要，也不是一定要得獎，可是……」文婷哽咽得說不出話。奶奶接話了：「文婷，你是姊姊呀，就讓讓弟弟嘛！反正就只是一個燈籠。」

做爸媽的該怎麼辦？

Ⓐ跟著奶奶一起勸文婷把燈籠交出來給文昌。

Ⓑ教文昌和文婷什麼是界線，教文昌尊重別人的界線，教文婷守衛自己的界線和處理鄉愿的旁觀者。

Ⓒ跟文昌說不准搶姊姊的東西。

Ⓓ請姊姊幫文昌再做一個燈籠。

解答❶父母應該：

Ⓐ跟著奶奶一起勸文婷把燈籠交出來給文昌。

如果現在文婷把燈籠交出來，那往後在學校和職場，她也會把她做的作業和工作交出來給同學和同事。

Ⓑ教文昌和文婷什麼是界線，教文昌尊重別人的界線，教文婷守衛自己的界線和處理鄉愿的旁觀者。

文昌會直接跟文婷搶燈籠，文婷無法堅定的保住燈籠，都是因為沒搞清楚自己的界線在哪裡。所以這時家長應該要教文昌，姊姊做的燈籠是姊姊的，文婷如果不願意給，文昌應該要尊重，不應該講姊姊小氣，更不該講些讓姊姊有罪惡感的話，因此必須跟姊姊道歉。如果文昌不了解，其實別人的界線不是他的，他不能隨便取用，他必須尊重，這樣他往後到了職場才不會用同樣的方法霸凌同事。

同時，家長也要教文婷，別人越界讓她有情緒，她應該守衛自己的界線，讓文婷對著文昌練習一次有氣勢的肯定式溝通：「文昌，我的燈籠本來就是我的，不需要給你。」這樣文婷才不會到了職場，還不知道要如何守衛自己的情緒界線，而變成了霸凌的目標。

再教文婷和文昌，他們之間的事，自己溝通處理，其他人都不應該介入，包括奶奶。所以，往後如果碰到像奶奶這種介入的旁觀者，就說：「謝謝奶奶提供意見，我們會自己溝通解決的，不需要奶奶擔心。」然後離開私底下溝通。要他們都各自跟父母練習講一遍。

這樣往後姊弟倆在職場再碰到霸凌的事時，就不會讓旁觀鄉愿的人隨便介入，而把事情搞得更複雜。

ⓒ 跟文昌說不准搶姊姊的東西。

文昌是跟姊姊要燈籠，所以這是他和姊姊之間的事。如果父母代替姊姊拒絕文昌，那文婷往後還是不會拒絕文昌這種人。代替孩子把事情做了，不叫教育，叫介入。父母介入的結果就是爸媽愈來愈強，孩子愈來愈弱。只有教育，孩子才可能自己操練，也因此愈來愈強。

Ⓓ 請姊姊幫文昌再做一個燈籠

父母常覺得公平最重要，所以兄弟姊妹之間的事，找個折中的方法解決最公平。問題是，姊姊和文昌之間的事，是一段互動的關係，不是從中間一點劈下去就公平了，事情就解決了。找個折中的方法，現在姊姊可以保住自己的燈籠，文昌又可以得到一個新燈籠，大家都不再傷心了。但是，在這個折中的辦法中，文昌還是沒學會要尊重姊姊的界線，他還是沒學會想要什麼都得靠自己的雙手，而文婷也還是沒學會要怎麼守衛自己的界線。他們出了家門，會霸凌的還是會霸凌，會被霸凌的也還是跑不掉。

2

高個兒的雄強成績不是很好，常被老師罵。他們班有一個胖胖的男生叫維維，維維成績很好，常被老師表揚。雄強發現，捉弄維維很好玩。雄強會跟維維說：「你怎麼這麼胖呀！你的ㄋㄟㄋㄟ比女生的還大耶！」每次雄強這樣一說，維維就會臉紅，雄強就覺得今天很過癮。他看維維都沒有反抗，所以就開始在維維經過他的桌子時，故意擋維維，或把維維絆倒。要不然雄強就會在經過維維的桌子時，故意把維維的書掃到地上。雄強每次這樣，有些同學都會笑，雄強就覺得更神氣了。這天，雄強看到一塊乾掉的狗屎，他想放進維維的水壺裡一定很好玩，他等不及看到維維滿臉通紅的樣子。雄強趁打掃時把狗屎扔進維維的水壺裡。維維抓水壺來喝水，打開水壺正要往嘴裡倒時，聞到一股惡臭味，捂著鼻子往水壺裡望，看到了一坨黑黑的漂在水中，就開始作嘔。雄強邀集幾個小男生等著看好戲，這下子都忍不住開始爆笑。維維哭了出來，有同學去找老師來，老師才把雄強的家長叫來學校。

雄強的爸媽應該怎麼做？

Ⓐ小男生調皮沒什麼大不了的，不必在意。

Ⓑ爸媽向老師、校長、以及維維的父母道歉。

Ⓒ教育雄強：別人也有界線，他必須尊重別人的界線。

Ⓓ威脅老師要向校長告狀，說老師因為維維成績好而偏袒他。

解答❷ 父母應該：

Ⓐ小男生調皮沒什麼大不了的，不必在意。

孩子在學校就霸凌同學，長大到了職場就霸凌同事。很多家長跟我說，他們都寧願自己的孩子做那個霸凌別人的人，也不願孩子被別人霸凌。問題是，不霸凌他人，不表示孩子不能管理同學和同事；而不霸凌他人，也不表示他們一定會被霸凌。還有，在我的經驗裡，霸凌他人的人，在其他地方一定也是被別人霸凌的人。因爲霸凌的人以爲世界只有排序，所以他碰到比自己強大的人，就會甘願被霸凌，因爲他覺得誰叫他排序低呢。

Ⓑ爸媽向老師、校長、以及維維的父母道歉。

越界的人是雄強，不是雄強的爸媽。雄強的父母去道歉，不表示雄強感到懺悔。這個情緒界線不分清楚，雄強就永遠不會爲自己所做的事負責。爸媽道歉了，不表示雄強就懂了別人也有界線，也不表示往後他就會尊重別人的界線了。

Ⓒ教育雄強：別人也有界線，他必須尊重別人的界線。

要教雄強，不只是他有情緒，維維也有情緒；不只是他有界線，維維也有界線。所以即使維維沒有出聲抱怨，雄強也不可以故意去踩維維的線。雄強會以爲他可以踩維維的線，是因爲維維沒講話，雄強沒有得到懲罰，所以就是得到獎勵。因此，除了跟雄強解釋什麼是情緒，也要警告他，下次他再越界，就要懲罰他，然後說到做到。當然，如果接下來雄強沒有去惹維維，那大人也應該抓到機會鼓勵。唯有如此，雄強才學得會，別人的界線，不可以故意踩。

Ⓓ威脅老師要向校長告狀，說老師因為維維成績好而偏袒他。

老師如果因爲被威脅，就不懲罰雄強，那雄強就還是學不會：別人也有情緒、也有界線，不可以故意去踩。繼續如此，雄強就不會做人，就會變成狼，以爲世界就是大的可以壓小的、強的可以壓弱的。在生活裡，他繼續這麼做，可能會失去自己的至愛；在工作裡，他繼續這麼做，有一天會遇到一個比他更大更強的，到時就只有被踩的份。家長現在可以威脅老師，不表示往後可以去威脅孩子的老闆。

3

情情念四年級時，班上轉來一個又高又漂亮的姑娘，爸媽常教情情要照顧新來的同學，所以她通常是第一個幫助新同學的人。新同學是從外地轉來的，所以情情的家人也都特別表達歡迎，兩家開始了頻繁的互動。新同學常常在放學後到情情家玩，兩家也常約了一起出遊和游泳。過了一陣子，情情常回家跟家人說她生新同學的氣，但爸媽都跟她說：「你不要太囉嗦，不要生氣，跟大家好好相處，要不然大家都不喜歡跟你玩囉！」漸漸的，情情就不再跟父母說這些事了，但她開始吃不好、睡不好。到了學期末的那天，情情的媽媽和很久沒有碰面的媽媽聊了起來，這位媽媽說她女兒這學期被同學霸凌，吃不好睡不好，甚至不想去上學，缺了很多課。情情的媽媽一問才知，原來霸凌的，正是那位轉來的新同學。情情的媽媽問情情，這位新同學是不是也有霸凌她，情情就開始大哭，她說新同學威脅別的同學，如果他們敢跟情情做朋友，或跟情情一起吃中飯，新同學就不再跟他們玩了，情情孤單的吃了半年的中飯。情情淚流滿面的說：「我想跟你們說，但你們都不聽。」就這樣，情情哭了整整四小時，哭到媽媽心都碎了。

情情的爸媽應該怎麼做？

Ⓐ 教情情強硬一點，不要再被欺負。

Ⓑ 去找新同學的爸媽理論。

Ⓒ 教情情守衛自己的情緒界線。

Ⓓ 去學校堵新同學，威脅她。

解答❸ 父母應該：

Ⓐ 教情情強硬一點，不要再被欺負。

情情是必須強硬一點，但是，什麼是強硬一點？是攻擊對方嗎？當教育模糊不清、不夠精準，常會出現反效果。如果情情覺得強硬一點，就是攻擊對方，其實是會有效果的。情情會發現，只要她凶一點、攻擊對方，對方就會怕她，就不敢再惹她了，她就不會再被欺負了。問題是解決了，但情情的世界，就變成了排序的世界，強的大的，就可以壓別人，她就變成狼了。等到情情長大後，遇到了比自己更強更大的，她就只會低頭。當她遇見了不是狼的人，這個人會因爲受不了她的欺壓而遠離，她會失去眞正的感情。

Ⓑ 去找新同學的爸媽理論。

家長去幫孩子處理她的關係，這樣孩子還是不會管理同學，長大後依舊不會管理同事。那時，做爸媽的總不能打電話給同事的父母，跟他們理論吧！

Ⓒ 教情情守衛自己的情緒界線。

情情當初沒有反抗新同學，是因爲當她有情緒時，父母沒有接納和肯定她的情緒。媽媽要她跟同學相處不要囉嗦，還威脅她如果她太囉嗦，別人就不喜歡跟她玩了。情情因此而不出聲了，她愈不出聲，新同學愈壓她，愈不讓大家跟她玩，她就以爲是她做得不夠好，所以就更不敢囉嗦了。這段關係就這樣進入了霸凌的循環，它會眞實影響孩子的胃口、睡眠、心情、免疫力。

所以，當初情情的媽媽教錯了。情情回家跟父母說她生新同學的氣，這等於是孩子的界線警報器在作響，爸媽應該教孩子檢查，到底發生了什麼事所以警報器才會響。父母接納孩子的情緒，這是教孩子肯定自己界線最好的教學示範。當孩子了解了自己的情緒哪裡來時，才可能清楚到底對方做了什麼事越了自己的界線。這時，情情就會知道，她會生氣，是因爲新同學貶低她，老是說她矮、說她笨。現在，爸媽就要教情情，她是誰不需要任何人核准，她就是自己的權威。他們可以教情情，讓新同學講，等新同學講完，讓話掉到腦後的地上，然後情情下結論就好。比如，新同學說：「你眞是矮呀！」情情可以說：「我長得剛剛好。」因爲，狼的目的不是要交流，而是要爭排序，所以內容不重要，氣勢比較重要。然後，爸媽就要教情情，她不需要跟一個不尊重她界線的人玩。

Ⓓ 去學校堵新同學，威脅她

家長去威脅霸凌孩子的人，一定有效，因爲家長在排序的世界裡比較大。但是，家長去做這件事，孩子還是沒有學到，如果有人霸凌他，他該怎麼辦？往後進了公司，要是有同事霸凌他，他還是不會保護自己。到時爸媽就算到公司堵同事，也於事無補，因爲同事是大人，爸媽並沒有比較大。

宇凡的悄悄話

情情的故事，說的就是我的大女兒四年級發生的故事。女兒這次的霸凌事件，讓我重新檢討自己家庭教育的方向。我本來希望女兒只要懂得忍讓，就能得到別人的喜歡，這樣她就有人可以一起玩。經過了這次事件後，我仔細思考這樣扼殺孩子內在權威的後果可能是什麼？以後她是不是在感情裡也要忍讓，才能得到伴侶的喜歡呢？以後她在職場是不是也要忍讓，才能得到同事的喜歡呢？為了得到別人的喜歡而扼殺她的內在權威，讓她變成一個沒有尊嚴的人，值得嗎？不值。所以我要女兒肯定自己的內在權威，我要她有那種「不喜歡就算了」的勇氣。我要她成為一個懂得守衛自己情緒界線的人。我成了一個重視她與同學互動的母親，從那一天起，我就再也沒有忽略、貶低、壓抑或抹殺過女兒的情緒。

女兒後來順利的進了國中，她進國中時，我這個做媽的是緊張的。因為我自己在學校做諮商師，我很明白國中小女生要壞起來，是很凶狠的。女兒順利的交了朋友，她跟一群比較要好的朋友一起吃中飯，我的心開始安定了下來。我常讓女兒帶好吃的去學校跟同學分享，有一天她回家跟我說，她明天不要帶食物跟×××分享了。我問她怎麼了，她說：「×××拿我的食物，不但沒跟我說謝謝，而且她還挑剔你做的食物。我當然不高興。」其實我並不在乎女兒的同學怎麼講我，但是我抑制了自己跟她說「沒關係」的衝動，我說：「你給她東西，她沒說謝謝，還挑剔你帶的東西，難怪你會不高興。媽媽支持你，明天不給她帶東西。」

第二天，大女兒一進門就把書包摔地上，很氣的說：「我今天跟×××說我不高興每一次都是我帶食物跟她分享，她從不跟我分享，也從不說謝謝，還要挑剔我，結果我講完了，她就跟其他朋友說，要不他們不要跟我坐一起吃飯好了！我就說：要走就走。」我那時立刻就腿軟了，一個做媽的竟然不爭氣的掉起眼淚來，我說：「那怎麼辦？那你不是又要一個人吃飯了？那媽媽還是幫你做食物帶給他們好了？」大女兒見我哭，走過來抱我，然後看著我的眼睛跟我說：「媽媽，你不要擔心害怕，我已經不是四年級的我了，我不能再被霸凌了。」我點點頭，卻全身發抖，別人欺負我我不怕，但我害怕自己的孩子會再次受傷。她繼續抱著我說：「媽媽，我會生氣，是因為×××不對。是你教我的，我會有感覺一定有道理的，不是嗎？」我馬上就醒了過來，對！情緒無罪，我的女兒會有這個情緒，一定是因為有人侵犯了她。她的情緒沒有錯，我應該要支持她、肯定她。我跟她說：「如果你表達了你哪裡不高興，×××不但不改善，而且還威脅你，那她根本就不是朋友。」就這樣，女兒沒有哭、沒有繼續生氣，她那晚很平靜的把作業都做好了，心情並沒有受到影響。

第二天女兒回家時笑嘻嘻的，手裡提了一個盒子，另一手還搖著一張卡片。我等不及問她怎麼了？她說：「媽媽，×××請她媽媽做了一些小點心請我吃，她還寫了一張卡片，謝謝我平時帶東西給她吃。」從那時起，×××每天都還是跟女兒一起吃中飯，從那次事件後，她們不但沒有分裂，而且變成了更親密的朋友。這些都不是女兒委曲求全得來的，而是她肯定自己情緒才可能會有的結果。

我一直以為，我這樣鼓勵大女兒肯定自己的情緒，她跟朋友的關係一定會愈搞愈糟。但我卻驚奇的發現，本來是個受氣包、見誰都要有氣的大女兒，跟朋友之間的問題反而減少了。由於她每次不高興時，都不像以往那樣浪費時間反覆懷疑自己的情緒，她把情緒當警報器，所以她都花時間在想清楚自己為什麼會有這種感覺，然後她該怎麼做。也因此，她所有的關係都有美好的進展，因為她都不等到最後自己無法忍耐了才爆發、絕裂，而是一感覺有情緒就處理。久了，她的關係裡都漸漸消除危機，而多了很多理解與溝通，也因此，總有機會能增進感情。

女兒現在已經進入職場了，她在工作上管理同事和老闆游刃有餘，在職場中，她總是很愉快。

給成人子女的話

如果你都是用霸凌兄弟姊妹在自保，你與他們的感情一定很淡薄。如果你想要修補這個重要的緣分，那最好的方法，就是在與他們對話時，接納他們的情緒。你會發現，你愈這樣做，他們與你愈親近。

如果你發現你都是那個被兄弟姊妹霸凌的人，那你可以用書裡教的方法，守衛自己的界線，調整你在家庭裡的排序，這樣才不會一直被人狂咬、侵犯、傷害。

諮商小案例

我有一個諮商客戶，她的先生會打她。而且，每一次他都會在她家人或朋友來時鬧事、找架吵，或是故意惹她的家人朋友，她不懂為何他要這樣做。她說，平時他是不會這樣對他的朋友和家人的。我回她：「因為他想孤立你呀。」要孤立一個人，不外乎是挑撥離間，要不然就是讓家人朋友每次相聚時都有痛苦的經歷。這樣一來，這個人可能會不好意思，而開始遠離家人朋友，或者家人、朋友也可能不喜歡痛苦而慢慢開始遠離，人就開始被孤立了。被孤立的人、落單的人，很容易欺負。所以，如果你希望你的孩子不被人在家或在外霸凌，那就要鼓勵他為自己建立一個支援團體（support group）。這個團體顧名思義，就是能在情感上、生活上，在他需要時支援他的人，而且這個團體不會被其他人操弄左右。孩子只要有支援不落單，那他就很難被霸凌。

我這個諮商客戶開始去把家人朋友都找了回來，她開始有強大的支援團體，她的先生發現他亂吵亂鬧也沒人理他，大家還是常常聚在一起。她只要打一通電話，就會來一群人保護她，後來，他就沒有再對她動過手了。

3 別讓孩子變成那種雞婆越界的同事

別跨越他人的界線

子昂是一個專業能力很強的人，但同事私底下聚會時都不太敢找他，原因是子昂超愛插話。例如前幾天其中一位同事請大家去喝咖啡，他說自己比較喜歡叫拿鐵，因爲這樣牛奶比較多，咖啡因比較少。子昂就開始評論了，他說同事這樣以爲是錯誤的，其實咖啡因最少的並不是拿鐵。請客同事很尷尬的回答：是嗎？但他喝起來好像拿鐵最不會讓他心悸。子昂繼續高談闊論，他覺得同事一定是心理作用，才會有這樣的感覺。本來大家都很開心有同事請客，工作之餘偷個閒，能聊聊私事，結果子昂的咖啡理論從點咖啡到大家都喝完了，還沒有發表完畢，大家又都很無奈的回到了辦公室。很多人私底下講，再也不找子昂出來了。

燕萍超熱心，辦公室裡大大小小的活動都一手包辦。燕萍比團隊的人都大一點，所以她都以大姊自稱，她覺得照顧大家是她的職責。大家都很愛燕萍，但也都很怕她，見了她常要躲她。不然被燕萍抓到，她就會問這種問題：「交男朋友了沒呀？什麼！還沒？要抓緊時間呀，女生是有生理時鐘的呀！拖不得。」或是「我看你老是加班，這樣是不是都沒時間陪女朋友呀？告訴你，等一下人家跑掉了說，看你去哪裡再找一個那麼好的女生！」吃飯時間大家也不太敢讓她見到，因爲她會檢查大家的便當，看看菜色是否健康。同事們也不懂自己，爲什麼會對一個熱心的人那麼反感？

同事們會心情矛盾，是因爲這種熱心雞婆的人都很越界。也許你會說：「怎麼會呢？他們都是關心人家才會這樣做的呀。」問題是，請客的人又沒有問子昂「我喝拿鐵對不對」，子昂是自己越界評論的。而且請客的同事還有說到他喝拿鐵時的身體反應，子昂沒有接納同事的感覺，卻跟人家說「那一定是心理作用」，這是貶低別人的感受，必定越界。不管那個越界的人用意有多麼善良，當人被越界時，一定會有負面情緒，這就是痛苦經驗。往後人家一想到子昂，就會想起這個痛苦經驗，就不想再請子昂去喝咖啡了。同樣的道理，同事們也沒有問燕萍自己是不是該交男朋友了，或者加班是不是會讓女友跑掉，這都是燕萍自己強加評論的。這些私事，都在同事的界線內，人家沒有邀請，燕萍就自動踏入，不管她多善良、多熱心、不管她是否關心照顧，她都越界了。一樣的，只要人被越界，就一定會出現不好的情緒。可以說，越界的人，很難有好人緣。

所以，如果你不希望孩子在學校和公司裡做個沒人緣的人，那你就不要在家裡鼓勵兄弟姊妹之間用熱心、關心、愛心爲藉口，去行越界之實。如果父母在家裡鼓勵這樣的行爲，那那個有越界習慣的孩子，出了家門也會習慣越同學、同事的界。而那個在家裡養成被人越界的孩子，到了學校或職場被人踩時，也不會反抗、不會出聲，任人踐踏。

選選看：少管閒事，才有好人緣

1 哥哥平平是高中生，妹妹小英是國中生。妹妹隔壁班的男同學喜歡她，常用LINE跟妹妹聯絡，想要約她出去玩。妹妹的LINE被哥哥看到了，哥哥很生氣，跑到妹妹的學校去堵那個男生，跟他說：「你再敢騷擾我妹就試試看！」妹妹聽說了這件事，非常生氣，跟哥哥吵起來。妹妹一邊哭一邊說：「你幹什麼看我的手機啦！你怎不問問我喜不喜歡他呀！」哥哥吼回去：「還好我看了，我就怕你搞鬼，你小小年紀交什麼男朋友呀！」

爸媽該怎麼辦？

Ⓐ 叫兩個人都不准吵了！回房睡覺去。

Ⓑ 哥哥講中了爸媽的擔心，所以爸媽站在哥哥這邊勸妹妹，說哥哥是因為保護她、疼她，才會去找那個男生。爸媽應該用很關心的口吻說：「哥哥是怕你被人家欺負呀！」

Ⓒ 請哥哥尊重妹妹的界線，教妹妹往後要怎麼樣表達自己的情緒，才會更有效。

解答❶ 父母應該：

Ⓐ 叫兩個人都不准吵了！回房睡覺去。

做父母的見到孩子爭吵，常會覺得頭痛，所以不想處理面對，但這其實是錯過了大好的機會教育。孩子現在在家裡吵，如果父母不教育往後要如何避免這樣的衝突，到了學校孩子就會跟同學吵，最後到了職場就會跟同事吵。

Ⓑ 哥哥講中了爸媽的擔心，所以爸媽站在哥哥這邊勸妹妹，說哥哥是因為保護她、疼她，才會去找那個男生。爸媽應該用很關心的口吻說：「哥哥是怕你被人家欺負呀！」

爸媽如果擔心妹妹，應該直接跟妹妹溝通，不該借哥哥的嘴做這事，不然就跟挑撥離間沒什麼兩樣。最後爸媽想講的話哥哥雖然都講了，但受傷的，卻是兄妹間的感情。

一般人擔心女生會被欺負，是擔心女生被侵犯，或是受到傷害。其實，要確保女生不被任何人侵犯，最好的辦法，就是教她如何使用自己的情緒界線做警報器，而且要教她相信自己的警報器。這樣，往後有人要侵犯她，她能夠早早就偵察到。現在妹妹不高興哥哥偷看她的手機，或是插手她的私事，是因爲哥哥越界了，但爸媽卻想用哥哥是疼她、愛她來抹滅她的感受。妹妹的感受情緒一被成功抹滅，往後她就沒有警報器了，遇到了誰、做什麼事都一定會危險。更不用說，往後任何人對妹妹做出她不願意的事，那個人只要跟她說：「我是愛你的、關心你的、要保護你，才會這樣做的。」妹妹都會欣然同意。因爲在家裡，爸媽就是這樣教的。

ⓒ請哥哥尊重妹妹的界線，教妹妹往後要怎麼樣表達自己的情緒，才會更有效。

哥哥必須知道，當他做了什麼讓別人有情緒時，那就是越界了。即使妹妹比哥哥小，不表示她沒有界線。所以，不管哥哥有多關心、多保護妹妹，也無權越妹妹的界。因此，除非妹妹允許，否則哥哥不該看她的手機，也不該插手管她的私事。當妹妹跟哥哥說她有情緒時，哥哥應該尊重，也應該爲自己的行爲道歉。這樣哥哥跟朋友或同事相處，才不會覺得，只要他出發點是好的，就可以越別人的界，管別人的閒事。

妹妹有情緒是無罪的，所以父母應該接納她的情緒，這便是肯定她的內在權威。妹妹只要成功培養內在權威，任何人都很難侵犯她。接下來，要教妹妹怎麼樣跟哥哥這種雞婆的人溝通，才會有效。教妹妹，如果有人雞婆越她的界，然後那個人又堅持自己那麼做是因爲關心她和愛她，那妹妹除了肯定式溝通外，也可以回：「謝謝你的關心和愛護，我可以照顧自己的。」然後跟妹妹說，對方很可能會追加回應說：「照顧你眞是好心沒好報，你以後被人家欺負也不要來找我。」這是威脅挾帶勾起罪惡感的言語。這時妹妹可以說：「還是要謝謝你的關心，嗯，我一定會照顧好自己的。」也就是，妹妹只須告知，無須去跟哥哥爭辯或解釋任何事。妹妹的手機寫什麼跟哥哥無關，妹妹喜不喜歡隔壁班男生，也跟哥哥無關。由於這些事都是妹妹界線內的事，既是妹妹界線內的事，那她就是權威。既然她是權威，那她沒有必要跟任何人解釋或爭辯。她一解釋、一爭辯，就顯得她好像不是權威，希望哥哥能夠核准一樣。但是，她界線內的事，無須任何人核准，只要她肯定就好。

2 孩子熱愛籃球，家裡有數不清的 NIKE 球鞋，孩子和騰駿是同窗好友，常一起約出去玩。這天孩子氣嘟嘟的回家，家長問他怎麼了。孩子說，騰駿今天穿了一雙新的 ADIDAS 出來，一直跟他講那鞋多棒。孩子說：「我就指正騰駿，告訴他爲什麼 ADIDAS 還是跟 NIKE 有差，也就是說，他付那錢是不值的。騰駿就發火啦。」孩子說，我就跟他說他發火做什麼啦，本來 NIKE 就比 ADIDAS 好呀，大家都知道的。孩子接著說：「騰駿就開始講他受不了我愛說教，什麼他忍了很久了，以後不用再約出來玩什麼的。」孩子賭氣說：「不玩就不玩，誰稀罕！」

爸媽該怎麼做？

Ⓐ 打電話去給騰駿，幫孩子道歉。

Ⓑ 先讓孩子自己處理。如果孩子無法處理，再教他騰駿為什麼發火，要如何尊重同學。

Ⓒ 跟著孩子一起罵騰駿。

解答❷ 父母應該：

Ⓐ 打電話去給騰駿，幫孩子道歉。

如果父母覺得這件事是孩子越界了，那就應該要教孩子自己去道歉，而不是幫他做這件事。因爲，孩子越了別人的界，並不是父母的事，那是孩子的事，父母必須弄清楚情緒界線，孩子才有機會承擔自己該擔的責任。

Ⓑ 先讓孩子自己處理。如果孩子無法處理，再教他騰駿為什麼發火，要如何尊重同學。

當孩子正在氣頭上時，他跟爸媽說這事，想要的不是說教，而是被接納。因此，爸媽這時跟孩子說他哪裡越界，孩子只會更氣。所以，父母做的第一件事，應該是接納孩子的情緒。比如，爸媽可以說：「我們可以理解你爲什麼會那麼氣，畢竟你們平時那麼要好。」由於這是孩子跟騰駿之間的事，應該讓孩子自己去處理。可能過兩天，孩子和騰駿就和好，沒事了。那孩子從這次事件得到的自然懲罰就是，「如果我說了朋友不愛聽的話，朋友就不跟我玩了。」

如果孩子無法處理，過了一陣還是沒再跟騰駿來往，那家長可以說：「我看你都沒有再跟騰駿一起玩了，你想聊聊這事嗎？」如果孩子說不想，那家長就別介入。哪天孩子想講了，他會來找你的。但是如果孩子眞的聊起來了，你們這時可以講講你們的感受，比如：「是不是騰駿跟你說ADIDAS並不是要跟NIKE比較，他只是想跟你分享他買新鞋的喜悅？」這是在教育情商，很多時候，孩子只聽得到別人跟他說話的內容，卻無法感受到別人說話時的情緒。如果孩子容易忽略別人的情緒，就等於情商過低，他人的情緒如果沒有被接受，孩子講得再棒再好，也對相處一點好處都沒有。所以，家長在指點時，第一個就是要提醒孩子注意別人的情緒，然後養成好習慣接納別人的情緒。

爸媽接著也可以說：「騰駿喜歡ADIDAS，或他覺得他付的錢很值得，這是不是他界線內的事，你是不是應該要尊重他？」在此教的是「界線」的概念，就是「騰駿的是騰駿的，孩子的是孩子的」。

ⓒ跟著孩子一起罵騰駿。

如果今天是騰駿越了孩子的界，那接納孩子的情緒最好的方法，就是一起罵那個越界的人，這是父母示範情商。等孩子情緒被接納後，情緒離開了身體，爸媽接下來想教什麼、想討論什麼，孩子才可能聽得進去。但是，今天越界的人，其實就是孩子，那父母就不適合跟著孩子一起罵騰駿，因爲是孩子先惹騰駿的。

諮商小案例

我有一個諮商客戶，她的女兒上大一時交了一個男朋友，男朋友跟她女兒不同校，非常浪漫體貼。客戶很喜歡這個男生，覺得他未來的工作會賺錢，條件很好。所以，雖然這是她女兒的第一個男朋友，但她卻積極鼓勵他們來往。兩人才交往一、兩個月，兩家人就已約出去飲茶、滑雪、一同過情人節。

有一次客戶很興奮的跟我說，女兒出去玩，朋友裡有人喝酒抽菸，女兒的男朋友不喜歡她跟這些人在一起，就每五鐘打一次電話給她，要她離開。女兒後來受不了男朋友的騷擾，不得已離開了，她跟她媽說這事時，非常的不耐煩，覺得男朋友實在太囉嗦了。客戶跟我說：「我覺得太棒了，我現在都不用打電話盯我女兒了，她男朋友幫我做了這件事。」我很憂心的跟客戶說，這不是一件好事。因為女兒要跟誰出去玩，並不是男友界線內的事，他無權管。客戶很不以為然的說：「他這樣做是因為他愛我女兒、關心我女兒呀！」我說：「但是，這是違背你女兒的意願呀！要是他往後也用這個作為藉口，拿來脅迫你女兒做她不想做的事呢？」

過不了多久，男友不喜歡客戶的女兒太黏他，就要求她不要每個週末都去找他。女兒想知道為什麼，男友就跟她說：「我這是為你好，你這樣跑來跑去的，書都念不好。」又過了幾個星期，客戶女兒打電話找男友，就找不到他了。女兒不死心，開始狂打電話，但他都不接。後來，男友的父母找他們出去喝咖啡，說：「請你的女兒不要再打電話給我兒子了，他課業很重，你知道，他念的學校比你女兒的好很多，不是那麼好念的。」最後，他們倆分手，男生竟然從沒有自己出面親自說明清楚。客戶的女兒哭了一整個學期，第一次交男朋友，就被傷得那麼重。

這就是我說的，要教女兒不被人欺負、侵犯，靠過濾對方的條件或人品，是不可靠的。真正可靠的，真正可以保護孩子的，是他們的內在權威。內在權威，就像孩子的免疫力一樣，它愈強，孩子愈不容易受傷。免疫力不是靠控制環境，或是不讓孩子感冒就能增強的，而是要靠內在補強才可以建立的，是在每一次小感冒時，身體都學習精進下次要怎麼對抗病菌、要如何保護自己。內在權威也是一樣，當孩子有小感覺時，你不教他們肯定自己，最後災難就要降臨，那時，孩子就會有流不完的眼淚。

給成人子女的話

如果你和兄弟姊妹的感情不好，而你希望能改善，除了檢視父母與你們的溝通模式外，也可以檢視一下，你有沒有雞婆越界？或者，你是不是常常被越界卻都沒有溝通？當我們還小時，兄弟姊妹越界，都還可能因為有血緣親情，而能夠繼續親近。但是，大家長大了都各自成家後，越界這件事，就同時會牽涉到兄弟姊妹的伴侶了。這時，嫌隙就容易加大了。如果你發現是你雞婆越界，那就控制自己的關心，注意尊重兄弟姊妹的界線，不要跨越。如果你發現你是那個總是被踩線的人，那你可以用書裡教的方法，守衛自己的界線，調整在家裡的排序。

4 別讓孩子變成總是貶低人、凶別人的同事

避免攻擊式溝通，才能雙贏

莉秀精明能幹，但嘴巴很利，大家都很怕被她抓到什麼小辮子，一定會被她講得一無是處。莉秀嘴巴割傷的，不只是工作的部分，她還會拿人的長相開玩笑，說別人的穿著很廉價，講別人的小孩功課不好不聰明，或直接說人家沒出息。大家都很不喜歡跟她一起工作，志強尤其受不了莉秀。莉秀總是拿志強太太胖這件事來作文章，志強心裡非常不高興，但他沒跟莉秀講，而是在老闆面前捅莉秀。久了，老闆就對莉秀印象很不好。

莉秀這種人的溝通習慣，就是「攻擊式溝通」，不尊重別人的界線，老是要評論人家界線裡的事。她不見得有惡意，但被她越界的人，一定會有情緒。如果莉秀運氣好，會碰到一個直接跟她溝通的人。如果她的運氣不好，就會碰到像志強這樣有被動攻擊習慣，心裡不高興不跟莉秀直說，卻在背後捅她的人。肯定式溝通在家庭教育裡並不普遍，所以很少遇見直接糾正我們、給我們機會改變的人。所以，如果我們因為嘴巴壞而惹了別人，會遇上被動攻擊的人機率要高很多，那就比較危險。

所以，如果孩子在家裡跟其他小孩相處時，不懂得尊重其他人的界線，習慣用攻擊式的

方法跟別人溝通，那家長應該要予以指導改正。以防孩子出了家門，到了學校惹到同學，到職場招惹同事。

選選看：培養孩子的內在權威

1 弟弟和姊姊才差不到一歲，所以從小就玩在一起。現在他們都念國中了，決定攜手參加扶輪社所舉辦的一場慈善藝術作品展，姊弟倆決定用黏土做人像。他們一起工作時，就聽到弟弟說：「哎喲，這裡怎麼可能用黃色的啦！這樣很難看耶，我有時都覺得你腦子裡進水，還要叫你姊姊，眞倒楣！」或者：「我覺得你很奇怪耶，這裡為什麼要弄成這樣啦！」姊姊有好幾次被弟弟講哭了，弟弟就說：「你是在哭什麼啦！別人給點意見就哭成這樣！是沒聽過忠言逆耳哦！」姊姊沒有直接跟弟弟說她哪裡不高興，更沒有說她希望弟弟如何改變，姊姊跑去找爸爸講。爸爸疼姊姊，所以姊姊跟爸爸說：「爸！弟跟媽一模一樣，講話好難聽哦。我眞希望他可以像你這樣，講話很溫柔。」

爸爸應該怎麼做？

Ⓐ 教姊弟什麼是肯定式溝通，然後讓他們在爸媽面前練習一次。

Ⓑ跟姊姊一起講媽媽和弟弟的壞話。

Ⓒ罵姊姊一頓，指責她在背後說弟弟和媽媽的壞話。

Ⓓ不說什麼，讓姊弟自己去處理。

解答❶父母應該：

Ⓐ教姊弟什麼是肯定式溝通，然後讓他們在爸媽面前練習一次。

弟弟講話習慣使用「攻擊式溝通」，姊姊則習慣使用「被動攻擊式溝通」，這並不是因爲他們生性如此，而是因爲他們習慣如此。如果家長能教他們更好、更有效的方法溝通，等他們養成習慣了，原本攻擊式和被動攻擊式的溝通習慣，就能夠改正過來。

由於是要養成新習慣，那爸媽要求姊弟對話時，練習使用「肯定式溝通」，再予以鼓勵，是很重要的。因爲學會了一個新的溝通方式，它只是意識上的改變，這個改變要內建成潛意識的習慣，靠的就是多練習。在建立新習慣時，做爸媽的抓到孩子做對的時候鼓勵是很重要的。但是，當孩子習慣已養成，姊弟之間的感情因爲有效溝通而增進了，他們就會得到「自然獎勵」。自然獎勵和自然懲罰一樣，都是選擇了做事方法後，帶來了自然的後果。當姊姊有什麼直接溝通，弟弟注意自己不越界，姊弟之間的合作和相處，一定會更順利，這個情感的增進，本身就是一種獎勵。

Ⓑ跟姊姊一起講媽媽和弟弟的壞話。

爸爸這樣做，等於是肯定了姊姊被動攻擊弟弟。這樣在背後說弟弟一頓，弟弟還是不知道到底哪裡踩到了姊姊的界線，他下次一定還會用同樣的方法跟姊姊說話。那時，姊姊就只會更肯定，這就是弟弟像媽媽的個性，但是對於解決衝突或增進情感沒有幫助。姊姊往後與同學和同事相處，如果有哪裡不滿意，她唯一懂得宣洩情緒的出口，只有被動攻擊。

Ⓒ罵姊姊一頓，指責她在背後說弟弟和媽媽的壞話。

由於姊弟之間的感情，不在父母的界線內，如果父母直接評論、指責，都是越界，這等於是在示範攻擊式溝通才是對的。父母在處理兄弟姊妹的事時，要注意不要越界介入孩子之間的關係。因爲不管爸媽說什麼，都可能有人覺得爸媽偏心。所以，爸媽要教導孩子之間的相處，最好只規定孩子相處原則。

比如，像這樣的情況，爸爸可以在姊姊來告狀時說，我能理解你的感覺（先接納肯定情緒），但我們家規定你如果有什麼感覺，要直接跟那個人說。我鼓勵你用肯定式溝通來試著管理弟弟。

Ⓓ不說什麼，讓姊弟自己去處理。

如果孩子沒來告狀，他們之間有爭吵，是該讓他們自己學著去處理。但是，由於孩子已經來找父母了，表示相處之間有什麼事無法調解，那做爸媽的應該適時的指引一條路。有兄弟姊妹最大的優勢，就是孩子從小就有同輩可以練習溝通相處。當他們相處觸礁時，爸媽如果能夠機會教育，孩子在家裡的相處互動，才會變得有意義。

諮商小案例

有一次我的兩個女兒在餐桌上吵了起來，大女兒臭臉，小女兒哭了。那天公婆也在場，弄得全家氣氛尷尬無比，我開始覺得有脾氣。奶奶爺爺和爸爸都離桌後，我問她們怎麼回事，她們講一講，我就開始說溝通的原則。這下，小女兒哭得更厲害了，她覺得，就因為我是諮商師，所以不管討論什麼事，我都不做仲裁，卻永遠都回到溝通方法上。她說，她們姊妹講話，就是有自己的方法，不希望一定要按我的方法去做。我聽完後，真的能理解她們的情緒，誰願意一直有人卡在中間調節兩人的關係、要求兩人該怎麼對話呢？接著我說：「我能夠想像有一個諮商師媽媽有多煩，連講個話都要有人管，我對這件事感到抱歉。我們協議，往後如果你們沒有影響到我們，你們怎麼說話我不會再插手。但是，像今天我會管這事，是因為家裡有客人，你們講話的方式擦槍走火，影響到全家人吃飯的氣氛了，所以我才會不高興。」兩人聽完後，也都跟我道歉。此後，只要她們的對話沒有影響到公共空間，或是他們沒有問我們的意見，我們是不管這事的。從此，他們之間有矛盾，都是私下溝通的。

這個經驗告訴我，教育的本質有時是很越界的，所以父母應該要注意時機，要不然就是藉教育之名，行越界之實了，那就是最糟的身教。

2

章裕一回到家，就急著跟爸媽說，他今天分組報告討論時，有個女同學帶來的剪報盡是一些牛頭不對馬嘴的東西，我就跟她說：「拜託！你剪的這些跟我們做的主題有什麼關係啦！我們的主題是工業革命耶，你盡剪些科技類的新聞做什麼啦！我發現，你真的是一個抓不到重點的人。」她就在那裡狡辯說什麼那是新的一波革命，可以顯現工業革命的可貴，說著說著就哭起來去找老師，結果我就被老師罵一頓！女生就只會哭，什麼都不會！

爸媽應該怎麼做？

Ⓐ同學分組報告，沒什麼大不了的，對孩子分數影響不大，不理會。

Ⓑ把孩子罵一頓，說他脾氣不好，總是說話那麼難聽，以後根本沒人想跟他合作。

Ⓒ教章裕他是哪裡越界了，往後遇到相同的事情，他能怎麼溝通。

解答❷父母應該：

Ⓐ同學分組報告，沒什麼大不了的，對孩子分數影響不大，不理會。

學校就是職場的演習地，它是職場的縮影。學校與同學之間的相處，是職場與同事相處的前身，所以錯過了這樣的機會教育，往後孩子很可能還是會跟同事出現同樣的問題。如果無法與同事合作，那不管在校成績有多好，在職場上的表現都不可能耀眼。

Ⓑ把孩子罵一頓，說他脾氣不好，總是說話那麼難聽，以後根本沒人想跟他合作。

家長因爲孩子用「攻擊的方法」跟同學講話，所以就用「攻擊的方法」教育他這樣講話不行。這是不是很矛盾？

Ⓒ教章裕他是哪裡越界了，往後遇到相同的事情，他能怎麼溝通。

由於這是章裕自動提到的事，而且老師也已經處理了，所以家長也應該表明立場。家長可以說：「章裕，你覺得某種剪報才跟工業革命有關，那是你的意見，在你的界線內。但是你的女同學覺得科技類新聞能代表不同的革命，這是她的意見，在她的界線內。你可以講你界線內的事，但你不應該越界說她這樣想是抓不到重點，你這樣是在攻擊她，因爲你越界了。」章裕很可能會說：「難道你們要我不能有意見，一定要用她的爛剪報？」

這是現在社會人人相處最大的糾結點：「如果我接納你的意見，那我的意見就一定會被抹滅」。這是一個「有限的世界觀」，在這個世界觀下，你考一百分表示我不能考一百分，你有錢表示我一定窮，你得到我一定失去，我分錢給你表示我一定賺得比較少。在這樣的世界觀裡，是不可能有合作可言，在這樣的世界觀下，也不可能有雙贏的概念，因爲你贏一定是我輸呀。但是，世界不一定要是有限的，它可以是無限的。在無限的世界觀裡，你考一百分，我也可以考一百分；你有錢，我也可以有錢；你得到，我也同時能得到；我分錢給你，我們可能會一起賺更多的錢。在無限的世界觀裡，合作才可能有空間，因爲你贏，我也可以一起贏，這樣創意才可以無限激發，這樣1加1才不只等於2，這樣我們才可能有胸襟包容與自己意見不同的人。

如果做爸媽的希望章裕有無限的世界觀，那他們可以回他：「尊重同學的界線，不表示你不能擁有自己的界線。難道你們的報告裡，不能放你所期盼的工業革命剪報，也同時放女同學的另類革命剪報嗎？」分清界線，才有尊重界線的基礎，尊重界線世界才可能多元，多元才可能精彩，這是培養包容的本意。

章裕如果早早學會包容不同意見，就會懂得合作的本質，往後他做任何事，才可能愈做愈拓展無限的可能。否則從小就封閉自己，不但在學校不能與同學合作，到了工作上又無法與同事合作，做任何事都可能愈做愈受限，路愈走愈窄。

諮商小案例

我大女兒的大學附近有好幾所全球知名大學，但他們學校畢業生的錄取率，卻是排名最前面的，雇主喜歡錄用他們學校學生的主因，就是因為學生懂得如何與他人合作。那幾所知名的大學裡，打分數的標準就是一定要分出高下，出題必須考出輸贏。而大女兒的學校著重的是合作教育，學校打分數的原則是，只要你夠好，你就得高分；如果人人都夠好，那就人人得高分。由於它不是互相比較的制度，所以學生都是互相幫忙，因為你考一百分，我也可以考一百分，自然培養合作氛圍。懂得合作的人，會希望他的合作對象成功，而不是失敗，互相扶持的結果，就是整個團隊愈來愈好。這樣的文化，是一個家庭或組織能夠成功最重要的元素之一。

給成人子女的話

在華人文化裡，孩子通常是被拿來比較的，當我們還小時，這種比較常是一種創傷。其實，那創傷並不是失敗所帶來的，而是我們看到父母因為比輸了失望所帶來的。我們帶著這樣的創傷，所以只要一被放入同輩中，為了避免再次經歷那樣的痛苦，就會下意識的想贏。而最快的方法，就是壓別人。急著壓別人，就容易養成攻擊式溝通的習慣。這個習慣，在現代講究合作關係的職場中，並不會被當成優勢，而是弱勢。所以，你如果想修改這樣的溝通習慣，可能要先跳出來想清楚，自己的世界觀是否該轉換？你的創傷是否應該要優先痊癒？

然後不要忘記，別人可以把你跟別人比較、給你定輸贏，但你是誰，是不需要他人核准的。

5 別讓孩子變成鄉愿、懦弱、濫好人的同事

被動式溝通，受害最大的是自己

小趙善良體貼，公司裡的人都把他看成老好人，有什麼事都可以放心交給小趙，因為他最不囉嗦。說小趙不囉嗦，是因為別人貶他、壓他，他也從不反抗。小趙不反抗，是因為他總想面面俱到，討好每一方，希望大家喜歡他。大家是都滿喜歡小趙的，但跟他同組合作的同事，非常不能忍受他的沒有定見。由於工作一定要做出決定，大家在討論要做什麼決定前，可能都會有不同的意見，但小趙永遠都只會附和，從不給意見。比如A說要這樣，小趙就會說「我覺得你這樣想是很有道理的」，但B說要那樣，小趙也會說「那樣做也是很不錯的方案哦」，小趙的附和和鄉愿，沒有給團隊帶來任何專業價值。

小趙這種人，就是鄉愿、懦弱的濫好人，這樣的人通常都有「被動式溝通」的習慣。那就是人家踩他，他也不出聲。問題出在，別人踩他他不出聲，並不代表他沒有情緒。由於他有情緒沒有表達，情緒只好往身體裡鑽。最後，付出最大代價的，就是自己的身體。你問這樣的人，你有沒有什麼感覺，他永遠都會跟你說他很好、沒感覺。你問他有沒有壓力，他會說他很好沒什麼壓力。他沒感覺、沒壓力，是因為身體全部吸收了，意識根本沒有接收到這

些警告。最後一病，就是場大病。

如果你不希望你的孩子在學校和職場中唯唯諾諾，如果你不希望你的孩子因爲無法表達自己，最後生大病，那在家裡如果有人壓他，你一定要教他肯定自己、表達自己，你一定要教他說出來。

選選看：勇於表達意見

1 全家人正要決定去哪裡吃晚飯，妹妹說想去吃焢肉飯，弟弟就說：「那樣滿好的，我也很想去吃他們的滷筍子。」哥哥馬上跳出來說：「焢肉飯油死了！弟！你已經那麼肥了還敢去吃肥肉哦，你是不怕肥死哦！我想去蔬食餐廳，健康多了。」弟弟很不好意思的說：「蔬食也滿好的呀，有很多蔬菜可以選。」妹妹和哥哥爭吵不休，弟弟在一旁附和大家。

做爸媽的該怎麼辦？

Ⓐ 煩死了，不給他們選擇。

Ⓑ 先教弟弟怎麼回應哥哥的攻擊，然後鼓勵弟弟說說他想吃什麼。

Ⓒ 痛罵哥哥不該這樣說弟弟。

解答❶ 父母應該：

Ⓐ 煩死了，不給他們選擇。

你一定會想，這種決定吃飯的小事，有什麼好分析煩惱的。我還記得，有一句話說得好：「你一定要細細品嚐生活裡的小事，因為，你後來會發現，它們都是人生裡最重要的時刻。」這話用於父母管教上，真是一點都沒錯。所以，如果在決定吃飯這種小事時，你忽略了孩子們溝通時的攻擊，你不管孩子們被攻擊了還不出聲。那往後孩子在面對同學和同事時，就會變成學業和事業的大事。

Ⓑ 先教弟弟怎麼回應哥哥的攻擊，然後鼓勵弟弟說說他想吃什麼。

很久以前我在學校做諮商師時就發現，一直教霸凌的小孩不要霸凌別人，沒有直接教被霸凌的孩子，怎麼應付霸凌要來得有效。所以，爸媽要找時間教弟弟，哥哥說「你已經那麼肥了還敢去吃焢肉飯」這種話時，該怎麼回應。爸媽可以教他說：「怎樣？我就不怕肥！」弟弟要學會，面對哥哥這種貶低他人的人，說話內容不是重點，氣勢才是重要的。最有氣勢的話，就是「怎樣？我就是這樣。」因為對方無法接話，拿你沒辦法。要記得，讓孩子跟爸媽真正做一些演練，要多讓他聽到自己說出這些話的聲音。要不然，孩子面對別人來勢洶洶時，還是會說不出話來。

接下來，爸媽要在孩子感到很安全的時候問他，他那天到底想吃什麼？這樣的孩子，會一直說：「我眞的都沒關係啦！」但是，只要是人，一定有感覺、一定有自己比較想要的，要鼓勵孩子感受自己想要的，鼓勵他說出來。等孩子說出來後，就要鼓勵他，下次全家決定去哪裡吃飯時，孩子要堅定的講出來，如果有人貶低他，他就要按演練的方式回應他們。然後，不要忘記，那晚父母兩人都支持孩子的晚餐選擇，讓他經歷一次肯定式溝通成功的滋味。成功的滋味就是鼓勵，受鼓勵的行爲，下次還會再重演。

ⓒ痛罵哥哥不該這樣說弟弟。

弟弟不改變、弟弟不會守護自己的界線，哥哥還是會得到滿足和鼓勵。下次哥哥逮到爸媽不在的時候，還是要踩弟弟過過癮。

2 孩子回來跟父母要錢，想要贊助班上同學去參加比賽。孩子說，學校要派幾個代表，由學校出錢，出國參加英語辯論比賽。他們班的王小莉是從國外回來的學生，英語一流，辯才無礙。由於她的英文很好，所以上英文課不是很專心，老師要求交的功課，常被她嗤之以鼻。結果，出賽代表名單裡竟沒有王小莉。王小莉去找英文老師抗議，老師說他們想要派的代表不只是要英文好，而且要守規矩、懂紀律，他覺得王小莉不尊重規矩，所以沒有向學校推薦她。王小莉回到班上跟同學哭訴，覺得英文比賽跟英文程度有關，不應把規矩扯進來。王小莉不甘心，想自己報名出賽，但是她錢不夠，希望大家贊助捐助，支持她這個義舉。孩子說，大家都覺得王小莉很可憐，都想捐錢給她，他不想落單，他跟爸媽說：「所以我們不能捐太少。」

爸媽該怎麼做？

Ⓐ 同情受害者，支持孩子捐錢給王小莉。

Ⓑ 要孩子別捲入這種事，在學校低頭認真念書就好。

Ⓒ 教孩子分清楚界線，獨立思考，為自己做決定。

解答❷ 父母應該：

Ⓐ 同情受害者，支持孩子捐錢給王小莉。

王小莉真的是受害者嗎？

我記得大一必修英語課，我由於父親外派，在美國念高中，所以英文老師特例讓我不用去上課，但他要求我每週三去一次課後英文對話練習，幫助其他同學練習英文對話。但是，我卻愛去不去的，最後拿了個差點當掉的成績。看到我成績的同學都說：「哇，太不公平了吧，宇凡的英文那麼好，怎麼可能得這個分數？」我是受害者嗎？我很清楚我不是，因爲我沒有按要求做事，沒有得分的權利。我感激這位教授，教會了我這個人生裡重要的邏輯，那就是，如果是你先前沒有按規定做事，所以後來才受傷，那你不算受害者。

如果家長現在捐錢給王小莉，他們就是在說：「你不用按規定做事，只要你受傷，你就是受害者。」往後，孩子進了職場就會以爲，老闆給的規定不需要遵守，只要受了傷，就是受害者，別人就該同情和賠償。做事不按規定配戴保護用具而受傷，就告雇主；雖然做事態度很積極，卻早退晚到，主管因此給了一個爛考績，就不服氣；因爲欠賭債所以挪用公款，被抓到後燒炭自殺，家屬還是要求公司賠償。

Ⓑ要孩子別捲入這種事情，在學校低頭認真念書就好。

學校就是社會的縮影，孩子在學校遇到的很多議題，往後也都會在社會上遇到。因此，跟孩子討論在學校裡遇到的議題，就是在預備他未來面對社會。如果鼓勵孩子去學校只是低頭念書，什麼都不參與、不關心，那就是沒有把學校當演習地，那就是沒有賺到。

Ⓒ教孩子分清楚界線，獨立思考，為自己做決定。

其實，孩子想不想捐錢給王小莉，是孩子的事。但既然孩子是跟父母要錢，那現在父母就可以表達意見，因爲錢是父母的。孩子同情王小莉的這個情緒，爸媽可以肯定。但是，爸媽也要提醒孩子，不是只有哭鬧的人才有情緒。老師選擇不推薦王小莉的心情，孩子也應該要體會，這是情商訓練。即使孩子能體會各方的情緒，卻不表示那些情緒和決定是在他界線內。既然王小莉當初決定要違反老師規定、不交功課這個決定，是在王小莉界線內的事，所以，當王小莉被這個決定傷害時，也不該由其他人來承擔。基於這些原因，家長不願捐錢給王小莉。但是，孩子如果在理清楚界線後，還是希望用自己的錢去捐給王小莉，那家長要尊重。

家長會趁家庭教育的機會，把自己的價値觀教給孩子，但是，孩子願不願意接受，就是孩子界線內的事。如果父母爲了要扭轉孩子的價値觀，而侵犯了孩子的界線，那孩子的內在權威就會受損。一個沒有內在權威的人，很可能也沒有獨立思考的能力。但是一個有內在權威的人，絕對有獨立思考的能力。

給成人子女的話

很多人都以為自己鄉愿、懦弱、濫好人是個性使然，這就跟相信自己會得高血壓一定是基因使然一樣。如果相信疾病是基因導致的，人就沒有改變宿命的可能。但是，得高血壓的人在改變飲食和喝水習慣後，可以痊癒。這說明了，不是只有基因會遺傳，生活習慣也會遺傳。它就好像除了個性會遺傳外，溝通習慣、相處互動模式，也會遺傳。鄉愿、懦弱、濫好人的人，不是生下來就不敢出聲、沒有意見只會附和討好，這種人的聲音，是反覆被威脅、懲罰後，而被消音的。

回想一下，在你成長的過程中，是不是一直有人囑咐你，不要表達自己的意見，那樣很危險？是不是一直有人不停的跟你說，不要相信自己的情緒，這樣你就不會不快樂？每一次你想表達自己時，你是不是有被打壓、貶低？你很沒有氣勢的爭辯、解釋時，是不是有被咬得更慘的經驗？如果你有這些經歷，那你的鄉愿、懦弱、濫好人只是你用於保護自己、只是你生存的方法而已，並不是你的個性。

要是我跟你說，如果你學會新的溝通方法，不但能在那些凶惡的人面前生存，而且還會得到他們的尊重，你是否願意放膽試一次？如果你已厭倦自己的鄉愿、懦弱、濫好人了，那你可以從改變自己與兄弟姊妹相處的習慣開始。跟兄弟姊妹相處，最沒有風險，你如果因為練習不足而弄砸了，也不會有太大的損失，下次重新再來就好。它不像在辦公室跟同事相處，弄砸了可能會影響工作。所以，就像要改變健康必須先改變生活習慣那樣，想要改變你的關係，必須改變你的溝通習慣。下一次人家踩你，告訴他，那是你的線，他不能踩你。

6 孩子不該是那種背後捅人的同事

被動攻擊式溝通，對關係造成莫大傷害

建通是一個埋頭做事、負責任的人，如果有什麼事他做不到，他也很少跟別人講，都是自己咬著牙頂下來。建通的同事最近要辦婚禮，常常遲到早退，每次都是請建通代替他把事情做完。建通其實很不高興，但卻沒說什麼。等到同事婚禮後要去度蜜月了，有請建通幫他把幾件事做完，建通口頭答應了，但同事走後，他卻沒有按承諾把事情做完。結果同事回來後，被老闆臭罵了一頓。

建通有什麼情緒不講、不表達，卻用行動讓別人知道他不高興，這種溝通方式，就是「被動攻擊式」。通常這個習慣的養成，是來自於小時候在家裡講真話，會受到懲罰。或者，這個人覺得，人應有自知之明，不應該需要人家把話講明。但是，情緒是我們界線內的事，既是我們界線內的事，就應該我們自己負責。那就是，即使那個情緒是別人越界引發的，它也是我們的責任。如果我們希望對方知道我們有困擾，那我們就要講出來。

像建通和同事這件事，是同事占建通便宜，難怪他會不高興。但「不高興」這個情緒，是在建通的界線內，所以應該是由建通負責表達，不應該期盼同事來發現。建通一開始沒說

什麼，可能是不想把關係搞僵，不想把話說明白。但是，情緒是建通的，他不說明白，要誰說明白呢？最後建通受不了了，用不做事來表達抗議，跟同事的關係反而搞得更僵。

所以，如果孩子在家裡用告狀的方式處理跟同輩的關係，家長應該要有所引導，讓孩子趁早改變習慣。這樣才不會帶著被動式攻擊的溝通習慣，到職場去傷害職場關係。

選選看：練習當面溝通表達情緒

1 家裡有兩個孩子，從小只要一吵架或打架，就會兩個人都爭先來跟爸媽告狀。他們會說「姊姊不給我玩具玩」或「你看弟弟啦，他搶我的玩具不還給我」。兩人現在都上國中了，有一天姊姊來跟爸媽說：「弟弟跟我借錢說要買文具，結果是去買電動，好幾個月都不還我錢。他真的是對錢很不負責任的人耶。爸，你可以去幫我去把錢要回來嗎？」

爸媽該怎麼辦？

Ⓐ弟弟不應該拿錢去買電動，去幫姊姊把錢要回來。

Ⓑ買電動是小錢，幫弟弟把錢還給姊姊。

Ⓒ跟姊姊說一家人本來就該互相幫忙，叫她不要太計較，要不然往後她需要幫忙時，弟弟不

幫她怎麼辦？

Ⓓ跟姊姊解釋界線，然後教她怎麼去跟弟弟說，讓弟弟把錢還給她。

解答❶父母應該：

Ⓐ弟弟不應該拿錢去買電動，去幫姊姊把錢要回來。

當初是姊姊把錢借給弟弟的，既然錢是姊姊界線內的事，那問清楚弟弟要用來做什麼，就是姊姊的責任。錢是姊姊的，那跟弟弟要錢這事，也是姊姊的責任。如果做父母的現在不教姊姊，別人跟你借錢，你不問清楚就借，然後借了不還，你不去要回來，那往後姊姊的同學或同事跟她借錢，她也會遇到一樣的問題。

Ⓑ買電動是小錢，幫弟弟把錢還給姊姊。

是弟弟跟姊姊借錢，所以那錢要還，是在弟弟的界線內，也就是說，那是弟弟的責任。現在爸媽幫弟弟把錢還了，弟弟往後欠人家錢也不知要如何還，而姊姊將來再有人欠她錢，她也不知要怎麼樣跟人家要。

Ⓒ 跟姊姊說一家人本來就該互相幫忙，叫她不要太計較，要不然往後她需要幫忙時，弟弟不幫她怎麼辦？

爸媽會這樣跟姊姊說，是把一家人的界線畫在一起。也就是說，你的就是我的、你的也是弟弟的。問題是，我們的情緒界線，是大自然設立的，並不是人爲的，所以它是很個人的。也就是，不管到底是不是一家人，如果弟弟欠姊姊錢不還，就是越姊姊的界，姊姊就會有情緒，這個情緒會出現並不是因爲姊姊愛計較，而是因爲弟弟不還錢。不管父母多麼希望這個界線能夠全家共享，姊姊還是會有情緒。這個情緒不表達，姊姊不會快樂，如果她把她的不快樂吞下去了，那她總有一天要生病。

把全家人的界線畫在一起，會造成另外一個問題，如果哪一天姊姊欠了爸媽的錢，也可能會出現同樣的期盼，那就是，我不還也沒關係嘛，因爲我們互相幫忙呀。

Ⓓ 跟姊姊解釋界線，然後教她怎麼去跟弟弟說，讓弟弟把錢還給她。

一開始，要記得先接納姊姊不高興弟弟不還錢的情緒，家長可以說「我們能理解弟弟跟你借錢卻不還，還騙了你，你的心情很悶。」接下來，讓姊姊知道，既然錢是她借給弟弟的，那就只有她能去把錢要回來，爸媽是鼓勵姊姊去把錢要回來的。爸媽可以教姊姊一遍要怎麼有氣勢的跟弟弟要錢，比如「弟弟，我發現你跟我借錢並不是去買文具，而是買電動。我很失望你騙了我，也很不高興你到現在還不還錢。請你馬上把錢還給我。」讓姊姊在爸媽面前練到純熟了，才去跟弟弟說。

很多人會說，不要教姊姊跟弟弟把話說得那麼明吧？這樣弟弟不會受傷嗎？弟弟不還姊姊錢，是姊姊受傷。弟弟騙姊姊都沒有不好意思了，那姊姊為什麼要不好意思講呢？很多時候，就是因為家裡怕講明白了不好意思，所以孩子做錯什麼事都不講明白。這樣，孩子會以為，我做的那些醜事都不會被抓到，久了，孩子就不會做人，只會做狼了。弟弟要是現在不學會，你騙人會被人家抓到，他以後做醜事，就會賭人家不敢講出來。而姊姊如果不現在就學會，別人做的醜事被揭穿了，必須自己承擔事後的情緒，那她往後就會在表達自己情緒時，反而出現罪惡感。

2 有個坐在孩子座位前面的女同學，很愛捉弄他，動不動就回頭弄他的東西，孩子每次一抗議，都剛好被老師抓到、訓斥。孩子常回來抱怨這個女同學，父母一開始都是跟孩子說：「她是女生，你是男生，就讓讓女生好了，不要跟她計較。」有一天，孩子很得意的回來給爸媽看了一小撮頭髮，然後說：「我上課時剪她的頭髮，她沒感覺。我明天要再去剪一點回來。」

爸媽該怎麼辦？

Ⓐ接納孩子的情緒，教導孩子如何有效的溝通他的情緒。

Ⓑ能夠理解孩子懷恨報復的心情，既然女同學不知道，那就算了。

Ⓒ罵孩子一頓，讓他以後不敢再剪女同學的頭髮。

Ⓓ放學時幫孩子去校門口威脅那個女同學，讓她不敢再捉弄孩子了。

解答❷父母應該：

Ⓐ接納孩子的情緒，教導孩子如何有效的溝通他的情緒。

女同學捉弄孩子，孩子心裡有氣，是可以理解、應該接納的。那個氣，只是孩子人際界線警報器作響而已。接納肯定孩子的情緒，不表示接納肯定孩子表達情緒的方法。像這次的事件，家長應該跟孩子解釋「情緒」與「情緒表達」的差別。讓孩子知道，他生氣沒有錯，但他偷剪女同學的頭髮是錯的。教他一個比較有效的方法，直接使用肯定式溝通，告訴女同學他不能被侵犯。家長可以教孩子說：「我不喜歡你這樣捉弄我，如果你再繼續，我就要去跟老師報告了。」讓孩子在家裡多練習幾次，等到氣勢夠了，再去學校跟同學說。

通常，一個在家裡情緒被接納和肯定的孩子，在表達自己情緒時，氣勢會很夠。所以不管這樣的孩子說什麼，對方都會因爲孩子有一種權威感，而開始尊重。

Ⓑ **能夠理解孩子懷恨報復的心情，既然女同學不知道，那就算了。**

孩子恨、想要報復的心情，是可以接納理解的，但是孩子表達情緒的方式，卻是傷人的。如果家長不現在糾正孩子表達自己情緒的方法，那往後孩子年紀更大了，被動攻擊的手段，很可能不只是剪頭髮那麼簡單。

Ⓒ **罵孩子一頓，讓他以後不敢再剪女同學的頭髮。**

是女同學先惹孩子的，孩子有情緒沒有錯，孩子錯的是表達情緒的方法。罵孩子卻不接納孩子的情緒，等於是抹滅他的內在權威，往後孩子再被別的同學或同事欺負，他就不知道要保護自己。所以，罵不如教。接納孩子的感覺，教孩子要怎麼表達自己的感覺，這樣他往後在職場，才能在不傷己傷人的情況下，改變自己的環境。

Ⓓ **放學時幫孩子去校門口威脅那個女同學，讓她不敢再捉弄孩子了。**

家長比較年長，直接去威脅女同學，效果一定會很好。但是這樣做，孩子並沒有學到，如果有同學侵犯他的界線，他出現情緒，該怎麼辦？往後孩子到了職場，如果又碰到侵犯他界線的同事，那孩子還是一樣不知道該怎麼處理自己的情緒與別人的行爲。

給成人子女的話

你如果發現你有什麼話，不敢直接跟對方說，只敢在自己臉書上抱怨，或是只能跟其他人傾訴取得同情，那你很可能有被動攻擊的溝通習慣。如果你發現你有這樣的習慣，那麼有意識的注意別人越界你有什麼感覺，有意識的去跟當事人直接溝通自己的感覺，才可能改掉這樣的習慣。你剛開始在改習慣時，很可能會有身體反應，比如還沒開口講之前，就口乾舌燥、或是不停的冒冷汗，或甚至在講時很想吐。這都是習慣改變，很怕說出來被傷害而產生的身體反應。但是，改變被動攻擊式溝通，能帶給你完全不同的人際關係，你不會總是活在怨嘆中，不會總是要做些什麼才能夠平衡心情。你的關係會開始變得真實，也因此，你會活出更真的自己。

7 孩子有能力改變同事對待他的方式

管理關係，才能和平相處

曼玉剛才進公司，是個大菜鳥。而同事成美在公司已經做十年了，是個名副其實的老大姊。成美是滿照顧曼玉的，曼玉有什麼問題，成美都會幫忙，別的部門的人欺負曼玉，成美也會積極的保護她。但是，成美幫了曼玉後，卻很喜歡在同事面前貶她：「曼玉就是嫩，她做不好也不能怪她」或「曼玉呀，這次我幫了你做了哦！下次不能再要我幫忙囉。我很忙耶。」曼玉覺得很不舒服，覺得成美幫忙好像是自己欠她一樣（有情緒，偵測到別人侵犯界線）。她知道如果她不溝通自己的情緒，成美不會改變（接納肯定自己的情緒）。所以曼玉找一天跟成美單獨吃中飯時跟她說：「成美，我很感激你對我的照顧。但是當你公開跟大家說我嫩或我做不好，讓我覺得很不舒服。有什麼事能不能私底下跟我說？」（有氣勢的肯定式溝通，從頭到尾都是講自己，沒有越別人的界）成美如果是人，她就會因爲有同理心，而想照顧對方的情緒。但是，成美是狼，所以她覺得曼玉的本來就是她的，曼玉怎麼可以有情緒。成美很酸的跟曼玉說：「哎喲！你這個小姑娘脾氣怎麼那麼壞呀，我不過是開個玩笑而已啦，幹麼這麼嚴肅啦！」（抹滅情緒和界線）曼玉等成美講完，笑笑的回她：「沒辦法，我就醬嘛！」（不爭辯、下結論）成美接不了話。

過了兩天，曼玉有一個新問題請教成美，成美幫她解答後，沒有貶低曼玉、沒有公開拿曼玉開玩笑。曼玉第二天訂下午茶時，也幫成美訂了一份，她寫了一張感謝卡，帶著下午茶給成美。感謝卡裡寫著：「成美，剛來到公司，受到你很多照顧。很謝謝你！」一般人收到感謝卡，會覺得自己的努力有受到注意，是一個鼓勵，往後那個受到鼓勵的行爲，就會繼續重複。但成美是狼，所以她收到感謝卡和下午茶，覺得那是曼玉的進貢，曼玉的排序就更低了（狼的世界裡沒有道德，只有排序）。所以第二天，成美又開始開曼玉的玩笑，曼玉馬上盯著成美說：「我眞的很不喜歡你開我玩笑。」然後面無表情的走掉。接下來好一陣子，成美都沒有開曼玉玩笑。曼玉有一天去找成美，站著拍拍她的肩膀說：「成美，我很喜歡你現在都不開我玩笑！」（這不是感謝，是打賞的態度，這樣謝，狼排序才不會亂掉。）成美很高興曼玉注意到了。此後，成美和曼玉一直都是和平相處的好同事。

曼玉這就是用管理方法，管理了她跟成美之間的關係。也因爲曼玉從一開始就很用心的在管理她跟同事之間的關係，所以她一直都跟同事相處得很愉快。這不是忍讓換來的假象和平，而是互相尊重界線而來的。

「別人是如何對待你，是你教出來的。」如果你希望孩子長大後，有能力改變跟他一起工作的人對待他的方式，那他在家跟同輩相處時，你就要教孩子如何管理關係。

給成人子女的話

有時管理同輩，要比管理小輩下屬或甚至長輩來得難。因為是同輩，大家從小就會被教育「我們是平等的」，那你憑什麼管理？我們往往也會這樣以為，所以與同輩相處時反而沒有管理的概念。但是，如果你仔細想想，我們不是在管跟我們平等的人，我們是在管理彼此之間的關係。我們真正在管理的，是我們之間的界線。由於我們用心的管理界線，界線能夠很接近，但卻不踰越，不踰越就和平。所以想要與同輩和同位的人和平相處，最好的方法，就是費心管理你們之間的關係，把界線分清楚、掌握好，該講的即時溝通。

選選看：建立良好的溝通習慣

1 〔延讀221頁的故事〕家裡有兩個孩子，從小只要一吵架或一打架，就會爭先來跟爸媽告狀。他們會說「姊姊不給我玩具玩」或「你看弟弟啦，他搶我的玩具不還給我」。兩人現在都上國中了，有一天姊姊來跟爸媽說：「弟弟跟我借錢說要買文具，結果是去買電動，好幾個月都不還我錢。他眞的是對錢很不負責任的人耶。爸，你可以去幫我去把錢要回來嗎？」爸爸教姊姊界線是什麼，然後又教她去跟弟弟把錢要回來。姊姊去跟弟弟說：「弟弟，我發現你借我的錢，並不是買文具，而是買電動。我很失望你騙了我，也很不高興你到現在也不還我錢。請你馬上把錢還給我。」弟弟把錢還給姊姊後，還跟姊姊道歉說他不應該騙姊姊。姊姊很興奮的去跟爸媽說。

爸媽應該怎麼做？

Ⓐ去跟弟弟說：「你跟姊姊借錢，還騙姊姊，你好不好意思！」

Ⓑ跟姊姊一起慶祝她溝通成功。

Ⓒ提醒姊姊要鼓勵弟弟勇於認錯這件事。

解答❶父母應該：

Ⓐ去跟弟弟說：「你跟姊姊借錢，還騙姊姊，你好不好意思！」

這樣做，不但介入了弟弟和姊姊的關係，而且還懲罰了弟弟好的行爲。被懲罰的行爲，會留下痛苦的記憶，所以那個行爲就不會再出現。

Ⓑ跟姊姊一起慶祝她溝通成功。

鼓勵孩子有情緒要講出來，當他們勇敢的去做這件事時，可以一起慶祝，這樣也可以發揮鼓勵的作用。

Ⓒ提醒姊姊要鼓勵弟弟勇於認錯這件事。

弟弟除了把錢還給姊姊外，還跟她道歉。弟弟並沒有跟姊姊爭辯，他這個道歉的舉動，姊姊應該鼓勵，因爲這是弟弟尊重姊姊界線的表現。別人侵犯界線時，孩子應該要守衛。但當別人尊重孩子的界線時，他們應該要養成好習慣，鼓勵這些尊重界線的行爲。

2

婷婷高一，她跟剛考上台大的學長啓明交往。婷婷很崇拜啓明，但是她與他交往卻非常不快樂，因爲她發現她對啓明愈好，啓明就對她愈壞。啓明品學兼優、溫文儒雅，說話很溫柔，但婷婷只要有一點不高興，啓明就會對她說：「婷婷，你什麼都好，就是脾氣不太好。這樣一點小事實在不值得生氣，你應該有修養，對人對事都寬容一些比較好。你這樣發脾氣，無非是想取得別人的注意。」婷婷每次聽完都更氣，卻說不出來自己爲什麼會生氣，因爲啓明說的都很有道理。這一天，她又被氣哭了，眼睛腫腫的，父母問起是怎麼回事，她忍不住就把這事跟爸媽說了。

爸媽應該怎麼做？

Ⓐ勸婷婷念書的時候不要交男朋友，這樣會分心。

Ⓑ教婷婷發聲守衛自己的界線。

Ⓒ跟婷婷說：「你還太小，不會判斷什麼是好男人，不准再跟這個男生來往了。」

Ⓓ教婷婷對付啓明這種人，就是要狠、要壓、要凶。

Ⓔ啓明脾氣好、又是考上好大學的學生，一定不會有問題。啓明說的很有道理，要婷婷多聽啓明的話。

解答❷父母應該：

Ⓐ勸婷婷念書的時候不要交男朋友，這樣會分心。

跟同輩相處中，一個很重要的課題，是與異性（或同性）相處，因爲那便是孩子建立未來親密關係的基礎。這個基礎不打好，孩子未來的親密關係或甚至婚姻，都會一直搖搖擺擺。孩子念書時都在父母的眼前，如果有機會練習與異性交往，父母就有機會能近距離指導、趁機改正觀念和習慣。如果孩子在念書時錯過了練習交異性朋友的機會，下一次再交男女朋友時，可能就很認眞了，那時，父母就不見得有機會給予指導和支援了。

此外，人的大半生都同時有工作事業與愛情家庭，所以如果孩子不在小時候就學會如何平衡工作和交友、事業和愛情，那長大後，他們就不能同時勝任不同的角色。就像婷婷如果不現在就練習同時做學生和女朋友，長大後就很難同時勝任工作和做太太或媽媽。

Ⓑ教婷婷發聲守衛自己的界線。

婷婷第一件要做的事，就是肯定自己的情緒和界線，不讓啓明來做核准的工作。所以，婷婷可以用肯定式溝通回啓明：「我有什麼情緒，不需要你的核准。我會不高興，是因爲你做了×××惹到我了。下一次就討論我們所做的事就好，不需要做人身攻擊。」

Ⓒ跟婷婷說：「你還太小，不會判斷什麼是好男人，不准再跟這個男生來往了。」

婷婷會有情緒，她在與啓明交往時會不快樂，是因爲啓明抹滅她的情緒。但是，如果婷婷的父母在保護她時，也是越界貶低她的感受、掠奪她做決定的權利，那他們其實是在教婷婷，越她界幫她做決定的男生，都是在保護她。她未來必然會愛上錯的人。

Ⓓ教婷婷對付啓明這種人，就是要狠、要壓、要凶。

啓明確實是那種，你對他愈好、他對你愈壞的狼。但是，這不表示我們該教孩子，想保護自己，就是要攻擊他人，即使那個人是狼。肯定自己的界線≠攻擊別人的界線。調整排序，不需要靠爭鬥流血，調整排序，只需要靠氣勢。

氣勢，就是我不是來商討，而是來告知的。比如，以前婷婷做什麼事，可能都是問啓明的意見，像「你想吃什麼？」「你想看什麼電影？」婷婷這麼做是覺得大家平等，一起商量決定。啓明卻不是這樣看，他覺得「你會問我的意見，一定是因爲你排序低」，所以就開始挑剔婷婷的提議，誰叫她排序那麼低。因此，婷婷往後可以直接跟啓明說，我們去吃這家餐廳，或我要去看這個電影，不再商量討論。

氣勢，就是你不管說什麼，都是我下結論。譬如，啓明說：「婷婷，你什麼都好，就是脾氣不太好。這樣一點小事實在不值得生氣，你應該要有修養，對人對事都寬容一些比較好。你這樣發小脾氣，無非是想取得別人的注意。」婷婷可以等啓明講完，讓話掉到她腦後的地上，再緩緩的回：「沒辦法，我就是女神嘛。」那個結論，還不一定需要對上對方講的話，反正狼的溝通目的不是爲了交流，而只是爲了爭排序。所以，內容不重要，氣勢最重要。

這些細微的溝通習慣調整，就能夠調整與狼相處的排序。待婷婷排序夠高了，啓明自然會尊重婷婷的界線。如果我們教孩子，要保護自己就是攻擊他人，那孩子也就自然成了一頭狼。如此一來，世界只會更亂。我們應該教孩子，行爲管理需要的是創意和策略，而不是血腥和暴力。

Ⓔ啓明脾氣好、又是考上好大學的學生，一定不會有問題。啓明說的很有道理，要婷婷多聽啓明的話。

婷婷會生氣，是因爲啓明說的話就是人身攻擊，跟啓明是怎麼說的、跟啓明是念什麼大學，一點關係也沒有。婷婷「覺得一件事值不值得生氣、是不是要寬容他人行爲的決定，她發脾氣的用意到底是什麼，她發脾氣是不是要取得他人的注意力」，這些都是婷婷界線裡的事。雖然啓明沒有大吼大叫，而是一副很關心婷婷的樣子，但如果婷婷沒有問啓明的意見，當啓明自動對婷婷界線裡的事評論時，他就是越界，那就是人身攻擊。有些人身攻擊不太好辨認，所以我們一定要教孩子，不管對方表達形式如何，或是對方頭銜有多大，只要孩子的情緒一出現，那就表示警報器響了。請孩子一定不要懷疑自己的情緒。這時，他們該檢視的，是對方到底是怎麼越界的？

3 婷婷很有氣勢的跟啓明溝通後，啓明就開始很注意不再貶低她的情緒。婷婷跟爸媽分享她的擔心：「他現在好像好很多，但我很擔心他馬上又會回到以前的樣子。我是覺得講了沒用。」

爸媽應該怎麼做？

Ⓐ提醒婷婷要及時鼓勵啓明對的行為，教她：如果啓明再越界，她的情緒會警告她，只要她相信自己的情緒，她就會知道該怎麼做。

Ⓑ跟婷婷說：「有些人就是講不聽。」

Ⓒ強力支援婷婷，跟她說：「他再這樣對你，我們就去找他談。」

解答❸父母應該：

Ⓐ提醒婷婷要及時鼓勵啓明對的行為，教她：如果啓明再越界，她的情緒會警告她，只要她相信自己的情緒，她就會知道該怎麼做。

人的溝通方法是一種習慣，要改變習慣，需要有意識的花費許多力氣。因此，當啓明做對時，婷婷就該及時鼓勵。如果啓明是人，那婷婷只要表達感謝之意，就有鼓勵的力量。但是，如果啓明是狼，那衷心感謝就會被誤以爲是排序變低，因此，這時，婷婷就可以用獎賞的態度，比如，她可以說：「啓明，你現在這樣跟我講話很棒哦！」

讓婷婷知道，人改變習慣是一個過程，中間再犯錯是很可能發生的，因此行爲管理不是一兩天就可以達成的任務。但是，如果啓明再犯錯越了婷婷的界，婷婷一定會知道，因爲她的情緒會告訴她，教婷婷不要花費時間猜疑，她只要花時間肯定自己的情緒即可。

假如婷婷盡力一切努力經營管理她和啓明的關係，以及守衛她的界線，啓明還是不理會她的情緒，不斷的越界，那婷婷的情緒也一定會告訴她，什麼時候該把這個人fire掉。

Ⓑ跟婷婷說：「有些人就是講不聽。」

用講的，只有意識能接收到，行爲要有穩定的改變，要等潛意識習慣養成才可能。所以，人本來就是講不聽的。如果，我們因爲這樣，乾脆不講、不溝通，那孩子就不可能在關係裡投資時間和精力。這樣教孩子，孩子就會在關係裡變得很懶，那他往後有低品質的人際關係，也是可以預期的。

Ⓒ強力支援婷婷，跟她說：「他再這樣對你，我們就去找他談。」

幫婷婷去處理感情問題，不會增加她的內在權威，只會讓她更弱、更依賴他人的幫助。這樣，她未來在感情世界裡遇上了不懂得尊重她的人，她還是一樣不會保護自己的界線。

宇凡的悄悄話

日前花蓮有一名檢察官，懷疑孩子在學校被霸凌，所以率警到幼兒園去偵察，私自開庭。目擊的家長說，這名檢察官問孩子的同學：「不給你貼紙就不跟她交朋友是不是？」「誰說她臭？」還對著一名男同學大吼：「你帶著全班的同學欺負她?!你很偉大啊！」

最後這名檢察官被記過處分。其實，這名檢察官丟的不只是自己的專業身分，他損失最大的，是沒有機會教育自己的女兒，如何有策略的面對霸凌她的人。往後孩子長大了，面對霸凌她的人，孩子仍然只敢躲在強勢父母的身後，依舊不會防衛和保護自己。

在學校、在社會上，孩子必然會遇上一些欺壓他人的人。既然如此，當孩子還小時，碰上了這些人，做父母應該要感到慶幸，因為孩子早早就學會如何處理這些人，就能早一點開始學會保護自己。我有一個學生被一群學生捉弄，他們老是把他的書包扔到垃圾筒裡、或是過來絆倒他、打掃時把他的打掃工具藏起來。這位同學的爸爸很生氣，就在放學時堵這些小孩，把他們都臭罵一頓，其他家長告到了學校來。這位爸爸跟我說：「老師，我的孩子被別人欺負，我不示範怎麼教訓這些欺負他的人，他怎麼會保護自己呢？你說是不是？」

父母示範教育是很好，但是這位爸爸示範的方法錯了。防衛自己，不表示你需要攻擊他人。防衛自己，只需要肯定自己的界線就好了，不需要越過別人的界線去傷害別人。

這位爸爸說：「老師，你的想法太天真了，溝通沒有用的啦，要是不給這些小孩一點懲罰，他們是不會罷休的。」我同意，溝通只是一個開始，如果你已經說明自己的界線了，別人還是屢勸不聽，不停的越界惹你，那給予懲罰在管理行為上是有必要的。我跟這位爸爸說：「但是，在懲罰以前，我們是不是要先搞清楚對這些人來說，什麼是懲罰？什麼是獎勵？」那個爸爸開始有點心虛，他說：「大人來罵他們就是懲罰！」我說：「如果那樣是懲罰，那為什麼現在是你和你的孩子坐在校長

室？」爸爸現在不講話了。我繼續說：「就算你來罵他們，對他們是懲罰，但是，這懲罰來自於你，不來自於你的孩子。這些人以後是不敢惹你，但不表示他們不敢惹你的孩子。」

現在我要來示範一次，怎樣做才能教孩子自己處理霸凌。我問一旁不出聲的孩子：「你回想，他們這樣弄你時，你都做些什麼？」孩子一下就懂了：「我就很生氣的罵他們是沒家教的小孩呀！」我說你是不是也會氣得哭了，孩子點點頭：「他們每天都有惹我，我真的很氣。」爸爸看不下去，大力拍桌子罵了髒話。我跟孩子說：「人的行為其實很簡單，那就是得到獎勵的行為會重複、得到懲罰的行為會消失。」我的諮商室裡有一張海報寫著：（下圖）

我問孩子：「他們捉弄你的行為，有沒有一直重複？」孩子看著海報怔怔的點點頭。我指著第一排再問：「那你覺得他們得到了什麼獎勵？」孩子低著頭很用力的想，他爸爸在一旁插嘴說：「我跟你說，他們就是欠揍！」孩子不理會爸爸說：「他們捉弄我很開心？」我問：「哪裡開心？為什麼你書

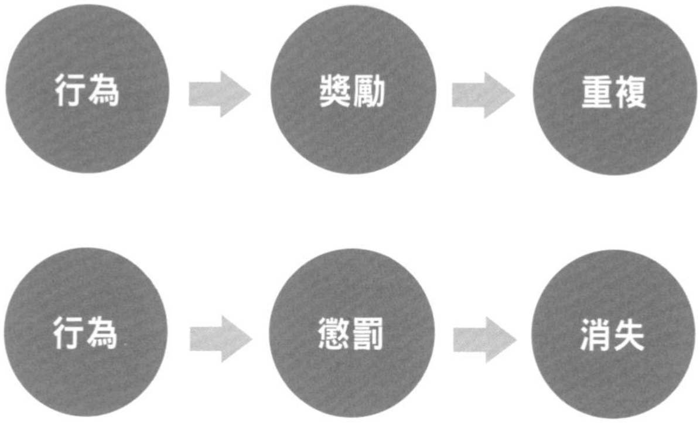

包跑到垃圾筒、你摔倒，他們要開心？」孩子恍然大悟：「他們看我難過，所以開心！」唉～孩子從不讓我失望。我又指向另外一張海報，海報上寫：（下圖）

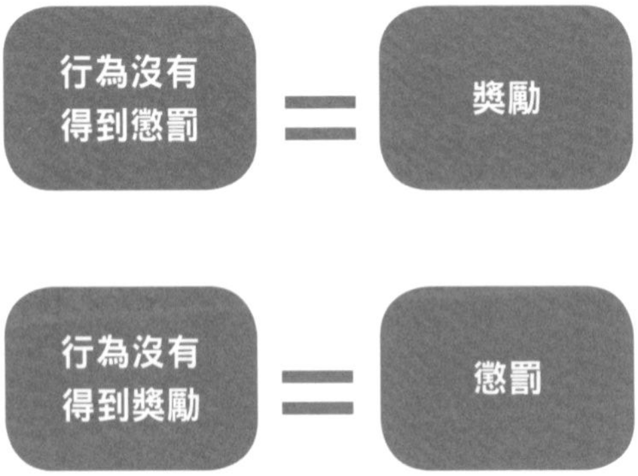
行為沒有得到懲罰
=
獎勵
行為沒有得到獎勵
=
懲罰

我問：「那你要做什麼，他們才可以得到懲罰？」孩子這下笑了，他說：「不要難過。」

Bingo! 這就叫作行為管理策略，這就是為什麼我的諮商室不叫諮商室，而叫策略室。我接著教孩子，「不難過」長什麼樣子，我演捉弄他的人，讓他在我面前練習一次。孩子就按這個策略，「懲罰」了這些同學幾天，這些人就因為捉弄他得不到滿足獎勵，轉向去捉弄別人了。

花蓮這起社會新聞告訴我們，「給不給貼紙、交不交朋友、誰欺負誰、誰說誰什麼」才是學校裡學習的重點。這起新聞也告訴了我們，用越界傷害他人的方式去防衛自己，是要付出代價的。家長真正能杜絕孩子被霸凌的方法，就是教孩子在面對霸凌者時，如何冷靜的策略，分析霸凌者的行為和心理，這樣才可能對症下藥的使用管理行為的方法，有效防衛自己的界線，卻同時不傷他人。孩子在學校學會如何處理霸凌，就不怕在工作上遇見霸凌他人的人了！

8 這樣做，孩子就不會被同儕壓力擊倒

培養孩子的內在權威

小魏和小趙是同期進公司的，由於受訓時就認識，感情一直很好，每天中午都一起吃飯，偶爾週末還會一起出遊。最近開例會時，老闆總是稱讚小魏做事情很仔細，老闆還說要大家跟小魏多學習。小魏沒想到，帶著大家對他酸言酸語的人竟會是小趙。小魏與小趙合作案子時如果意見不合，小趙就會說：「這公司又不是你家開的，你那麼認眞幹嘛啦！就那麼愛討老闆歡心哦！」中午吃飯時，小趙開始找藉口跟別的同事一起出去吃，小魏知道他們吃飯時一定都在講他的閒話。

小魏經歷的，就是職場上的同儕壓力。同儕壓力來自於一個團體對一個跟大家不一樣的人施壓，那個不一樣的人可能有不同的價值觀、個性、性向、做事的投入程度等。那個恐懼，就好似一眼望去一群斑馬裡，突然有一隻是紅條紋，那隻紅條紋的斑馬就很容易被老虎看上，變成被攻擊、被獵殺的目標。一個沒有內在權威的人，常會被同儕壓力擊垮，進而改變了自己，只爲了跟大家一樣。因此，被同儕壓力擊倒的人，不只是沒有內在權威，他還可能會失去自己、否定自己。爲了跟大家一樣，渴望得到大家的認可，所以改變了原來的自

己，外在的壓力，現在轉化爲內在的壓力。因爲身體知道我們在假裝，如果這個內在壓力不釋放，人最終一定會生病。

小魏是一個有內在權威的人，他不想因爲同儕壓力而改變自己，他就是一個認眞、爲公司著想的人，他要做什麼樣的人，不需要別人核准，他的滿足來自於把事情做好，而不是得到他人的認可。因此，小魏還是一樣認眞、做事時還是爲公司著想。老闆看小魏常一個人在辦公室吃飯，就開始邀他一起吃午餐，最後就把小魏升到總經理一職。

人和動物最大的不同，就是動物只有小腦、只有潛意識，動物的生命最高目的，就是生存。但是，人不一樣，人有大腦、有意識，所以我們生命的最高目的，並不只是生存，還有各自希望實現的夢想、過自己覺得美好的生活。每個人的夢想和想要的生活都不一樣，所以要實現自己的夢想、過屬於自己的美好生活，必須有跟別人不一樣的勇氣。而這個勇氣，不可能一夜就能得到，而是長久培養內在權威的結果。

所以，如果你不希望你的孩子被同儕壓力壓垮，如果你希望你的孩子敢夢敢活，那培養孩子的內在權威，就是做父母的首要任務。

給成人子女的話

父母、老師和老闆常會使用同儕壓力來管理孩子或下屬，其實是在挑動你那個害怕自己與他人不同的恐懼。做父母的可能會說：「你看，你姊姊給了我這麼大一個紅包耶。」老師可能會說：「你知道你同學都考得比你高分嗎？」或者老闆會說：「別人都加班到這麼晚才走耶！」但是，你如果了解這是很多人管理的技倆，如果你知道你是誰，不需要他人核准，那這個恐懼就無法被挑動，這個壓力，就不會成為你的負擔。

諮商小案例

我們從孩子很小就教他們怎麼管理與我們之間的關係，所以她倆到學校跟老師相處，大多沒有大問題，跟老師的關係總是很和平。有一天學校發成績單，女兒得了比同學高的分數，同學跟她說：「哼！那還不是因為你是老師的寵物！」（Teacher's Pet：意即乖乖聽老師的話，所以受到老師喜歡的人）我正在揣測女兒會怎麼回應，她就說：「我跟她說，你怎知老師不是我的寵物呢！」（How do you know teachers are not my pets?）這就是一個有內在權威孩子所擁有的態度，她不需要跟別人一樣，她是誰無須她人核准。

選選看：肯定自己的感覺

1 一年一度的家族出遊，孩子跟一大群表兄弟姊妹一起去吃冰淇淋，沒想到，十個人裡面，九個都選巧克力，孩子卻選了檸檬冰沙，就有人說：「檸檬酸死了，有什麼好吃的！」另外有人回：「我覺得巧克力最好吃了，吃甜點就是要吃巧克力！」大家七嘴八舌的講，孩子最後跟爸媽說他不知自己該不該選檸檬冰沙。

爸媽該怎麼辦？

Ⓐ把所有的孩子都罵一頓，要他們不可以霸凌孩子。

Ⓑ告訴孩子：別人喜歡什麼，是別人的事；他喜歡什麼，是他的事。他喜歡什麼，不需要得到別人的核准或認同，他才可以喜歡。

Ⓒ教孩子去跟大家說：「你們只會點巧克力，一點創意也沒有。」

解答❶ 父母應該：

Ⓐ 把所有的孩子都罵一頓，要他們不可以霸凌孩子。

大家有表達自己意見的權利，如果孩子覺得別人越了他的界，那家長應該要教他怎麼守衛自己的界線。做父母的今天代替孩子守衛自己，他明天還是不懂得怎麼做這件事。

Ⓑ 告訴孩子：別人喜歡什麼，是別人的事；他喜歡什麼，是他的事。他喜歡什麼，不需要得到別人的核准或認同，他才可以喜歡。

人會在跟別人不一樣時感到害怕，是求生本能的啓動。就像斑馬想要混入斑馬群中，不被其他動物相中被獵一樣。但就像我前面所說的，人不只有生存的需求，我們還有實現自我的需求。而我們如果只敢跟別人一樣，是不可能實現自我的。讓孩子知道，如果他喜歡的不是巧克力冰淇淋，而是檸檬冰沙，那他只有吃到檸檬冰沙才可能滿足快樂。所以，讓孩子知道每一個人都有與生俱來的界線，所以，每一個人都有自己喜歡的東西。因爲別人有別人的界線，他們喜歡什麼就是他們的事。孩子有自己的界線，那麼了解自己喜歡什麼，追求自己喜歡什麼，就是孩子的責任。他不需要跟別人一樣才能快樂，但他做自己一定會很快樂。

Ⓒ **教孩子去跟大家說：「你們只會點巧克力，一點創意也沒有。」**

孩子這樣做，就越界了，因為他這樣說就是在貶低別人喜歡的東西。遇到因為自己跟大家不同，求生本能啓動時，每一個人都會有不同的反應。有些人改變自己混入人群，跟大家一樣。有些人則是去改變他人，希望大家變得跟自己一樣。當我們去改變他人時，就是越界。越這個界一點意義也沒有，因為別人喜歡什麼，根本不會影響自己喜歡什麼。現在只是看你有沒有勇氣，去擁抱自己跟別人不一樣的那個部分而已。

2 **學校要分組了，同學們都選理科，大家都說念理科錢賺的比較多。孩子喜歡畫畫和寫作，不喜歡數學，卻不知道要不要跟著大家選理科。孩子一邊哭一邊跟爸媽說：「要是我以後找不到工作怎麼辦？要是我以後養不活自己怎麼辦？」**

爸媽該怎麼做？

Ⓐ **為了怕孩子未來生活不穩定，勸孩子跟著大家一起選理科。**

Ⓑ **把理科哪裡不好、文科哪裡好告訴孩子，讓她別怕。**

Ⓒ **提供一些理科和文科各領域的職業現況、或讓她自己去研究這些領域的現況。勸她聆聽和肯定自己的感覺，因為只有相信自己，才可能走對的路。只有選擇了自己有天分的事，**

才可能發光發熱。

解答❷父母應該：

Ⓐ為了怕孩子未來生活不穩定，勸孩子跟著大家一起選理科。

每一個人界線內的事，不管他人怎麼壓迫都無法改變。除此之外，很多我們界線內的事，像情緒、像喜好，其實連我們自己也無法改變。就好像別人惹你，你會生氣。雖然你能控制你要如何表達，但是，這個氣來不來，不是你能控制的。就好像一個人愛吃辣的，他無法控制這種喜好。就好像我們到底會愛上誰，這個我們根本無法控制。這些事情是與生俱來的，不是我們能選擇的。

所以，孩子背叛自己的界線混進斑馬群中，就失去了自我實現的可能，那他就是拿快樂換溫飽。如果，孩子無法抵擋自我實現的渴望，往後想要再追求自己想要的，就要付出更大的代價。

Ⓑ把理科哪裡不好、文科哪裡好告訴孩子，讓她別怕。

這樣做，跟那些勸孩子選理科的父母是一樣的。父母往往怕孩子不聆聽自己的聲音，就扭曲了現況，希望引導孩子做他應該做的決定。其實，孩子想要什麼，他也正在尋找。

父母只要介入，就可能阻礙孩子的視線。孩子到底是誰，只有他能找到。父母唯一能做的，就是讓孩子自己去研究環境和現況，去感受和抉擇。

ⓒ提供一些理科和文科各領域的職業現況、或讓她自己去研究這些領域的現況。勸她聆聽、肯定自己的感覺，因為只有相信自己，才可能走對的路。只有選擇了自己有天份的事，才可能發光發熱。

孩子喜歡什麼、孩子界線內的事情，不是不會變的。所以，父母唯一能做的並不是左右他界線內的事情，而是拓展他的視野。提供孩子不同的資訊、讓孩子看到環境裡不同的面向，這樣，他的感受才可能準確。不管孩子今天要做的選擇是什麼——愛情婚姻、工作事業、財務投資——都只有他可能知道他的需求，只有他認眞感受和聆聽，他才可能知道什麼能讓他滿足。也就是說，什麼才是好日子，只有他有答案。因此，父母最重要的職責之一，就是要教孩子聆聽自己的感覺、肯定自己的感覺，最後相信自己，這樣才可能走對路。

3 孩子是樂隊指揮，行進樂隊是一項課外活動，這個活動裡的孩子花很多時間參與，卻沒有分數。有一次樂隊出賽，大家表現得不是很好，作爲指揮的孩子傷心的哭了。同學跟孩子說：「爲什麼你要那麼在乎？這又沒有分數可以拿！」孩子回家問父母：「爲什麼大家

都不在乎？」

爸媽該怎麼做？

Ⓐ告訴孩子，同隊同學不在乎是不對的。

Ⓑ上樂隊臉書去把樂隊裡的人都罵一頓。

Ⓒ告訴孩子，她在乎什麼，不需要他人核准或認可。

解答❸父母應該：

Ⓐ告訴孩子，同隊同學不在乎是不對的。

同學在乎什麼，是同學界線內的事，並不能說同學要的跟孩子不一樣，同學就是錯的。

Ⓑ上樂隊臉書去把樂隊裡的人都罵一頓。

樂隊的指揮不是父母，是孩子。父母如果代孩子去樂隊講別人，就越界了。不但樂隊裡其他的人會有情緒，孩子也一定會有情緒。所以這樣做，只會吃力不討好。

ⓒ告訴孩子，她在乎什麼，不需要他人核准或認可。

這個故事裡的樂隊指揮，其實是我的大女兒。她那天哭著問我們「為什麼大家不在乎」時，我其實很難控制住自己的衝動去質問大家，「你們為什麼都不在乎呢？你們為什麼不認眞一點呢？」但我知道，這樣做除了越界外，於事無補。我們很清楚，這個樂隊比賽，只是她未來生命的演習而已。這次比賽，最寶貴的課題並不是名次，而是女兒要學會，有時我們用生命追求的事情，別人不一定有興趣、不一定在乎。畢竟，我們都有自己的界線，而他人的界線，是她必須尊重的。至於她自己界線內的一切，別人也只有尊重的份。她在不在乎，不需要任何人核准、不需要別人認可。

諮商小案例

不管我們是不是有培養孩子的內在權威，進入青少年時間，那個他們正在認識自己、體內化學出現大型變化，人生視野產生巨變時，孩子總是會有懷疑自己的時候。孩子會把自己跟別人比，會覺得自己就是沒有別人聰明、沒有別人漂亮、沒有別人瘦。我的大女兒在經歷這個變化時，她有很多痛苦的情緒，做心理諮商師的我，只想幫她找到方法移除這些情緒。我不知講了多少次：「我們不需要跟別人比較。」但我愈用力，她就愈痛苦，衝撞就愈多。我在想，那時她是在擋我介入她的界線，她那時覺得最快的防衛方法，就是傷害我。但是，由於我的目標是移除她的痛苦，所以在衝撞中，女兒對我造成的傷害，我卻不曾溝通處理過。

等到她妹妹正在經歷同樣的成長痛苦時，她把自己擋在我和她妹中間，我很驚訝大女兒似乎是下定決心要跟我搏鬥。在那一次的衝撞裡，她說了一句話讓我完全清醒了：「難道你就不能讓我們痛苦嗎？難道你不能把痛苦的權利還給我們嗎？不是你說要尊重我們的情緒嗎？媽媽，我們在這個時候就是會懷疑自己、就是會迷失自己，因為我們還不認識自己呀。你知道你們對我們的完全相信，在這個時候有多可怕嗎？我們多害怕會讓你們失望？」我懂了，孩子只需要陪伴，她們不需要我們為她們移除痛苦。那天，我把我被傷害的感覺，也老實的跟她們說了，那一天，我們流的眼淚感覺像排毒。我們互相道歉，然後互相接納。我跟妹妹說：「我知道，現在這個時候，你就是會覺得自己不如人，這個感受我們尊重，也只能陪伴你度過。但是，我們打從心底相信你們倆的這個信念，請你們尊重。我們覺得你們不比任何人差的感覺，也請你們讓我們保有。」

妹妹還沒度過這個時期，但她的這段路不會走得像姊姊那樣顛簸。父母的最大弱點就是孩子的痛，有了孩子的接納，我想這次我和先生會勇敢很多。

宇凡的悄悄話：狼的遊戲

如果你對功課、金錢、地位有迷信，那你就被狼的遊戲套住了！

我和先生是女兒行徑樂隊賽季時的大廚，我們領一群義工團隊為兩百多名學生做菜，我們這麼做今年已經是第五年了。有一天，有一個媽媽寫信來用很沒有禮貌、命令式的口氣要我做特別餐給她的孩子，因為她的孩子有食物過敏。我回信說我是義工做菜給你孩子，你連聲謝都不會講嗎？我們只提供素食給吃素的孩子，沒有辦法照顧食物過敏的孩子，家長自己要給孩子帶餐。她回信很不好意思的說：「對不起，我以為你們是學校出錢請的外賣單位。」我就回她：「你花錢買別人提供的服務時，都是這麼沒有禮貌的對待別人嗎？」對待不同社會地位的人，用不同的方法講話，我稱這種人為狼。

在狼的世界裡，是有排序的、是有高低的。排序高的，可以對排序低的壞，而排序低的對排序高的好，則是理所當然。因為在狼的世界裡有排序，很多外在的東西，就是拿來爭排序的籌碼，比如成績、考到哪所學校、學歷、職業、頭銜、賺多少錢、提什麼包、穿什麼牌的衣服、開什麼車、住哪個地段、小孩乖不乖、小孩成績好不好、小孩的學歷、小孩是做什麼的、小孩賺多少錢、小孩結婚的對象條件好不好……如果這些比不上人家，就會被別人「看不起」、會「沒面子」。被看不起，是因為你爭排序爭輸了，現在變成了地位比較低的狼。面子是什麼？面子，就是拿來爭排序的那些東西，爭輸了，就沒有面子了。也難怪，在《你的孩子不是你的孩子》一劇裡，做父母的會那麼害怕自己的孩子成績不夠好，考不上好大學。因為如果沒有上好大學，以後就沒有地位，別人就會看不起，然後就會有我上次遇到的那種狼，因為看不起你，不覺得你該有尊嚴、不覺得你應該被有禮對待，所以覺得可以理所當然的踐踏你。

父母可能被踐踏過，或看過別人被踐踏，或是自己踐踏過別人，所以怕孩子長大了會被踐踏。念書不再只是求知識、求了解、學習與人相處，成績不再只是反應學習情況，這一切，都是爭排序的過程和手段。考不好不只是跟學習有關，考不好，就是輸了排序，排序輸了，就會被踐踏。難怪，孩子念書父母會苦成這樣，因為在父母的眼裡，孩子念書不是在求學問，而是在求生存。父母老是跟孩子說「你以後就會懂」，因為父母覺得孩子還沒被踐踏過，不會懂被踐踏的痛苦。其實孩子懂的，因為孩子都見過他們拿不同的成績回家，大人對他們不同的嘴臉。我們都要比，比到自己焦慮憂鬱，是因為我們都被狼的遊戲套住了。

我問那個狼媽媽：「你花錢買別人提供的服務時，都是這麼沒有禮貌的對待別人嗎？」那個媽媽後來回我：「我實在不知道我為什麼會那樣講話，好像被迷住了一樣。」是的，我們都被排序迷惑了，所以有趣的學習過程才會被弄得好像地獄生存遊戲。如果我們決定不再跟著玩這個遊戲，那我們如何對待別人，就不是以排序和地位來決定，而是看這個人是怎麼對待你？他的本質如何？他是否努力？他是否盡責？他能不能夠獨立養活自己？他對這個社會有沒有貢獻？如果我們不是以排序和地位來決定要如何對待別人，那我們就不會怕自己的孩子念中文系、做木工、收垃圾會被別人笑死。這個遊戲你不參與了，它就玩完了！

你可以自己再組織一個遊戲，在這個遊戲裡，不管人是做什麼行業的、拿什麼成績的、擁有什麼頭銜的，他們都值得被尊重、被有禮的對待，被看得起。因為，社會每一個環節都像一個螺絲，每一個人的貢獻，都讓這個社會運轉順暢。只要你懂得自己的天分、只要你看得起自己、只要你尊重、重視自己所做的事情，你就不需要任何其他人的核准，你就可以做你自己，而且做得自在、快樂！

我期盼我的女兒，以及世上所有的孩子，都能夠在狼的排序世界裡為自己解套！

第三章　與下位相處

與下位相處　弟妹 ➡ 學弟妹 ➡ 下屬

1 幫助孩子當個啓發動力的主管

情緒界線分離，才會自動自發

夏寧帶了一個二十幾人的團隊，帶得快累死了，因爲他什麼都要盯，只要一不盯著，就出大差錯。有一天他在跟朋友抱怨，朋友不經意的回了一句：「你什麼都自己做，當然累啦！」夏寧不服氣的說：「他們都不認眞呀，我不做誰做咧？」朋友回：「哎喲，你把大家的份都認眞光了啦！你都做完了，誰還有事做！你就是這樣，什麼事都愛攬著做。」

夏寧把別人的事攬來做，其實是越界的，越界的行爲能夠熄滅自動自發的火種。人不會自動把事情做好，是因爲動力沒有被點燃。只有個人動力被點燃，才會自動自發。自動自發＝自己決定要去做一件事、再自己動起來去做，全部都是自己，跟別人無關，因此它是在自己界線內的事。能讓自己動起來的，就是獎勵路徑（參考112頁的圖），它就是主導我們動力的地方。

這個路徑能被點燃，是因爲一個人做了一件事，得到了鼓勵，所以前提是這個人要先做一件事。可是，如果這個人的事被別人做了，那動力之源就被關閉了。所以夏寧界線不清的把別人該做的事攬來做，其實就是把自己團隊的動力關掉了。人的動力被關掉，是推也推不動的，難怪夏寧累個半死。

孩子在與比自己小的人相處時，往往會想保護和照顧對方，如果這時他不分清楚自己與對方的界線，常會不經意的去把對方該做的事做掉。久了，孩子就會發現這個他想幫的人，愈來愈沒有能力、愈來愈依賴他，然後他變得愈來愈累。所以，做爸媽的要早早教孩子，如果他想有效的幫助他人，那第一件事就是要分清楚他與那個人的界線。分清界線，孩子才可能真正啓發他想幫助之人的動力。往後，孩子去學校或職場擔任領導角色時，才不會把自己累得半死。

選選看：界線不分離，關係就會產生裂痕

1 姊弟倆差了五歲，老大是一個很負責任的姊姊，超級疼愛弟弟，弟弟則是超級崇拜姊姊。弟弟和姊姊一起做功課時，總是要問姊姊他不懂的問題，姊姊總是很用心的教他。最近，姊姊功課變多了，弟弟問問題時她沒有時間教，又怕弟弟沒做好去學校被老師罰，所以就乾脆幫弟弟寫功課。弟弟很開心的跟爸媽說：「姊姊對我眞好，我不會的功課她都幫我寫完了。」

爸媽應該怎麼做？

Ⓐ姊弟情深，父母欣慰，不採取任何行動。

Ⓑ謝謝姊姊幫弟弟做功課。

Ⓒ教姊姊分離她的界線與弟弟的界線。

解答❶ 父母應該：

Ⓐ姊弟情深，父母欣慰，不採取任何行動。

姊弟倆感情好是很棒，但是感情好就把界線混在一起，常常是往後關係出現裂痕的起點。這個「你的就是我的、我的就是你的」的習慣，到姊弟都成人時如果混在一起的不只是功課，還有金錢、工作、家庭，那他們恐怕很難繼續做好姊弟了。

Ⓑ謝謝姊姊幫弟弟做功課。

如果爸媽謝謝姊姊幫弟弟做功課，等於是鼓勵姊弟倆界線混在一起，鼓勵姊姊把弟弟的事當作自己的事在管。那弟弟長大以後，交了女朋友，姊姊是不是也可以管弟弟的女朋友？那弟弟長大以後賺了錢，姊姊是不是也可以把那錢拿來當自己的用？或者弟弟欠了債，姊姊是不是該幫忙還？界線從小就混在一起，就會像毛線那樣，孩子愈大就糾纏得愈緊，最後纏得太緊，讓彼此都透不過氣來，最後關係因而崩解。

Ⓒ教姊姊分離她的界線與弟弟的界線。

讓姊姊知道，弟弟的功課是他界線內的事，姊姊可以輔導他，但不能幫他做。當我們越界照顧和保護他人時，不管我們是不是好意，一定會傷害對方。就像姊姊幫弟弟把功課做完了，弟弟就學不到東西，最後只能一直依賴姊姊。所以，姊姊如果眞的要幫助弟弟，要站在弟弟的界線外面幫。也就是，姊姊可以教弟弟怎麼做功課，但眞正做功課的人，必須還是弟弟。

2

孩子在學校創建了一個熱舞社，就積極籌組要帶學弟妹去參加街舞大賽。熱舞社的練習時間，從一個星期一次變成了三次，後來是每天。孩子每一次練舞時，都很嚴格的要求大家，當然他也是非常認眞的指導。本來都有十幾個人來練舞的，最後只剩下一、兩個人。孩子回家很沮喪的說：「我這麼嚴格，是希望他們強呀！如果不練好，出去比賽是會被笑話的！」

爸媽該怎麼做？

Ⓐ跟著孩子一起抱怨那些不認真的人。

Ⓑ跟孩子說他太嚴格了，所以大家都不來了。

Ⓒ問孩子願不願意聽聽你們的意見，他同意，才教他「必須與他管的人分離界線，才找得到讓別人有動力的事」。

解答❷ 父母應該：

Ⓐ跟著孩子一起抱怨那些不認真的人。

家裡關著門，跟著孩子一起抱怨他所抱怨的，能達到接納情緒的效果。

Ⓑ跟孩子說他太嚴格，所以大家都不來了。

其實比賽時很多人訓練都是很嚴格的，但他們卻還是很願意投入。所以，孩子社團的社員都不來了，並不是因爲孩子太嚴格了。

Ⓒ問孩子願不願意聽聽你們的意見，他同意，才教他「必須與他管的人分離界線，才找得到讓別人有動力的事」。

爸媽要先問孩子願不願意聽他們的意見，是因爲孩子只是抱怨和分享，他並沒有問爸媽對這事有什麼意見。而孩子社團裡的事，並不是爸媽界線裡的事。所以如果爸媽自動提意見，就會越界，難保孩子會沒有情緒。所以，爸媽給孩子意見之前最好先問一下孩子的意思。如果孩子答應了，爸媽給的意見他才聽得進去。

等孩子答應了，就可以教他，他的學弟妹雖然進的是他的社團，卻不一定跟他想要的完全一樣。孩子可能是希望大家多練習、變強了才能順利比賽。但，可能有些人進社團是想交朋友，想學一點舞步，不一定是想去比賽拿名次。所以，孩子在管理他人時，必須先與他人的界線分離。這樣有一點距離，孩子才能看得清、才能理解其他人真正想要的是什麼。只有孩子找到其他社團成員真正想要的，他才知道什麼才能帶給別人動力。有了這些動力，他也才可能完成自己想要完成的目標。

給成人子女的話

你的父母會不會動不動就把你該做的事都做完了？你的父母是不是什麼都跟你混在一起，讓你覺得好像什麼事都不是自己的事？如果是這樣，那你的父母就沒有把他們跟你的界線分離，你很可能在照顧其他人時，也會出現同樣的問題。那就是你把你管的人要做的事，全部當成你自己的在做。如果你在職場做主管做得很辛苦，總是覺得下面帶的人推也推不動，那你可以想想，是不是與下面所帶的人界線混在一起了？你是不是把他們該做的事當成了自己的事？如果你有這樣

2 這樣做，避免孩子當個霸凌別人的主管

教孩子尊重別人的界線

冰心在公司裡掌管了一個業務團隊，業績壓力很大。她說話總是很急，很少聽人家把話講完就插話，所以在她手下工作的人，都覺得她很難溝通。在冰心的部門裡，只要表現好，冰心就會特別友善。但是只要業績有一點退步，冰心講話就會很難聽。冰心有一個超級業務最近家裡出了一點狀況，所以這一季的業績很差，冰心原本是想靠這個超級業務打敗其他部門的，沒想到不如所願。她很諷刺的說：「我還以爲你很行呢！一點家裡的小事就把你弄成這樣，你這個不成材的東西！」然後她氣得把印出來的業績表，直接往這個超級業務臉上扔，這個業務馬上就辭職了。

冰心的管理方式，就是霸凌。很簡單的說，就是她覺得我比你大，所以你的界線就是我的界線，那我愛怎麼踩都可以。在職銜上冰心是比較大，但這只表示在專業界線內她是做最後決定的人，卻不表示別人的個人界線也是她的，不表示她不需要尊重下屬的個人界線。因此，冰心可以修正下屬業績不達標的事，卻無權諷刺他「不成材」。不管冰心是不是主管，只要她越了別人的個人界線，那個人一定還是會有情緒，專業關係還是會受損。

所以，孩子如果仗著自己大，就霸占別人的界線，那父母應該要早早導正，孩子才不會在學校和職場霸凌他人。

選選看：霸凌不等於領導

1 孩子是長孫也是獨子，在家裡大人都讓著他，尤其是爺爺奶奶。由於孩子的大伯和姑姑，都住在同一條街上，所以他們常常一起在爺爺奶奶家吃飯。大伯和姑姑的女兒都比孩子小個幾歲，他們聚在一起，兩個小女孩兒都是聽孩子的。孩子跟他們玩，只要一不順心，就會凶那兩個小的，要不搶她們玩具，要不掐她們臉、要她們不准講話。小的忍不住哭了就會去找大人告狀，爺爺奶奶知道了，就會跟大家說：「你們一起玩，有什麼聽大哥哥的就對了，是你們不乖哥哥才會生氣的，你們不要鬧就好了，要乖哦。」

孩子的爸媽應該怎麼做？

Ⓐ 爺爺奶奶寵孩子也沒辦法，誰叫他是長孫。

Ⓑ 教孩子別人也有界線，必須尊重。他希望別人按他期盼去做事，要用溝通和管理，而不是強迫與暴力。

Ⓒ**稱讚孩子有領導力，能夠制服小的。**

解答❶ 父母應該：

Ⓐ**爺爺奶奶寵孩子也沒辦法，誰叫他是長孫。**

如果父母現在不處理，那孩子就不會懂得比他小的人，也是有界線的，也是該尊重的。往後在學校或職場中，他只要判定這個人比他低，他就會掠奪別人的界線，傷害別人。

Ⓑ**教孩子別人也有界線，必須尊重。他希望別人按他期盼去做事，要用溝通和管理，而不是強迫與暴力。**

孩子如果能從小就學會有效的溝通與管理方法，他就無須使用強迫與暴力才能達到目的。

Ⓒ**稱讚孩子有領導力，能夠制服小的。**

很多人都以爲能夠壓迫別人的，就是有領導力的人。這樣的文化概念，傷害的不只是被領導的人，其實也傷害了領導人。我有很多病人是當老闆的，他們常常在壓迫霸凌他人後，感到很不舒服、羞恥和無助。可是，每當壓力一來襲，由於從小沒有建立有效與尊重他人界線習慣的溝通方式，就只能用脅迫、貶低、攻擊的方法，迫使別人就範。這樣的惡性循環，會讓兩方都生病。

2 孩子念國二，是班上的班長，老師對她特別的疼愛，她也很盡力的為老師管理紀律和整潔。這個星期，他們班的整潔排名最後，孩子很生氣，她很清楚哪幾個人是罪魁禍首，她把他們叫來。孩子拿出自己的鏡子，要他們幾個照照鏡子，不要太自以為是。然後罰他們趴在地上用抹布把教室擦一遍。晚上，孩子的爸媽接到了其中一個同學的家長電話，對孩子處罰他們孩子的方法表示抗議。

爸媽應該怎麼做?

Ⓐ教孩子：情緒≠情緒表達。
Ⓑ把打電話來的家長罵一頓。
Ⓒ稱讚孩子是一個強力的領導人。

解答❷ 父母應該：

Ⓐ 教孩子：情緒≠情緒表達。

孩子要同學去照照鏡子、不要太自以爲是，她要同學趴在地上擦地，都已經超出討論同學沒有好好打掃整潔這件事，她做的便是羞辱他人的越界行爲。孩子扮演領導的角色，有人事情沒做好，她不高興是理所當然的，但是沒人說不高興的人就可以用羞辱他人的方式表達。情緒≠情緒表達。家長應該要讓孩子知道，她羞辱別人，別人會有什麼感受，以後她才不會認爲在職場也可以這樣跟下屬講話。

Ⓑ 把打電話來的家長罵一頓。

家長如果把對方家長罵一頓，等於是告訴孩子，他跟同學表達情緒的方式是ＯＫ的。這樣她以後在職場裡，會以爲別人做錯事，就可以這樣羞辱別人。

Ⓒ 稱讚孩子是一個強力的領導人。

強力的領導人並不是只會羞辱、壓迫、霸凌他人，也不是一個只會讓別人害怕的人。眞正的強力領導人，能夠啓發他人，讓他人信服。

給成人子女的話

霸凌在管理上，不能說是無效的，fear sells，多數的人都會為恐懼買單。但是，用這樣的管理方式帶人，最大的弱點就是，被管理的人是以恐懼為決定出發點的。做事情時，他會因為害怕而去做一件事，不會因為他覺得那是評估後情境所需。找我諮商的主管常跟我說：「我又不是請工讀生，都要一個指令、一個動作，我給他們的薪水不算少，他們卻不會主動為我想，總是被動的做一些蠢事。」既然主動做錯了會被霸凌，那不如被動的你說我才做，這其實不是人才的問題，是管理的問題。所以如果你發現你所管理的人有這樣的現象，那你應該評估，你從小越他人的界線，是不是沒有人阻止過你、是不是沒有人教過你，其實還有比霸凌更有效的管理方法？

3千萬別害孩子將來被下屬騎在頭上

守衛和肯定自己的界線

祥裕是一個年輕的主管，他的家庭文化對他的期盼是做一個好人，所以不管別人怎麼樣對待他，不管他怎麼生氣，祥裕都是溫和有禮的回應。祥裕主管的組裡有比他資深的老鳥，這些老鳥常常直呼祥裕的名字，用教練口吻跟他說話，或是用酸他貶他的方法開玩笑。本來，這樣的情況並沒有影響到組裡的工作，但是有一天祥裕請一個老鳥辦一件事，老鳥竟然回他：「拜託哦！這種事你找我不是侮辱我嗎？找一個菜鳥去做不就好了嗎？」

祥裕這樣被下屬騎在頭上，就是一個不懂得守衛自己界線的主管。這樣的主管有情緒時只會忍氣吞聲，不會發聲溝通，也不會使用管理方法去管理他跟下屬之間的關係。當主管不懂得管理界線時，傷害的不只是當事人的心理和身體，整個團體也都會受傷。像祥裕的組員，會因爲界線沒有得到管理，不只是祥裕的界線會被踐踏，組員之間也會互相踐踏。大家工作都不能專心，每個人都有情緒，工作士氣、進度和品質都會被影響。

秀云是一個小型公司的老闆，她並不像祥裕那樣沒有脾氣，有人惹到她，她是會生氣的。但是，她跟員工親近後，就像是一個照顧大家的好媽媽，常常會把員工的問題當自己的問題來解決。比如，員工沒地方住，她會把自己的房子以低於市價的價錢租給員工。員工錢不夠用時，她會讓他們無利息的預支薪水。所以員工一開始會尊敬秀云，但久了以後，就會開始跟秀云沒大沒小了。秀云被踩到線是會生氣的，她也會凶、也會給人臉色看，但她很少狠下心懲罰員工。所以員工沒繳租金，她只是嚴厲警告卻沒有扣他薪水。員工犯錯造成公司損失，她只是罵，卻沒有給員工應得的後果。最後她受夠了，眞的要懲罰員工時，員工反倒有情緒了，開始在客戶那邊捅秀云。

秀云對員工那麼好，但員工反倒會對她有情緒，是因爲她主動先混淆了自己和員工的界線。她把自己界線內的開放分享，卻沒有清楚的設立規範。然後當員工把秀云的當成自己的來用後，秀云又要收回她本來分享的，員工當然就生氣了，因爲他覺得秀云要收回的也是他的呀。這類老闆不是不溝通，也不是沒有管理，但是最後員工會騎在他的頭上，是因爲他讓員工以爲，屬於主管的外在權威，他們也有份。

所以，孩子在家裡和學校扮演任何領導角色時，都應該要學習如何守衛界線。因爲對別人好，不應該等於從來不拒絕別人；做好人，並不等於沒有界線。而眞正的管理，並不是幫下屬把他該做的事做完。

給成人子女的話

如果你發現自己常常被下屬騎在頭上，那在你的家庭教育裡，很可能沒有人教你管理界線的方法。或者，你的家教教你要做一個好人，然後我們的文化裡做好人就是要有禮讓、寬容、原諒的美德。或者，由於我們在家裡做兄姊時，常常被教育要照顧弟妹，幫忙他做他不會做的事。但是，這種照顧法，被照顧的人只會愈來愈弱，所以很強的兄姊常會造就很弱的弟妹。拿著同樣的方法去學校和職場照顧別人，就會做一個很累或被別人騎在頭上的主管／老闆。如果你是這樣的主管或老闆，就要翻轉概念：好老闆不等同好人，好人不等同沒有界線的人。

選選看：拒絕無理的要求

1 家裡的兩個孩子年齡差了快十歲，爸媽總是很希望哥哥照顧妹妹，做她的好榜樣。哥哥很疼妹妹，凡事都很忍讓，很少拒絕妹妹的要求。哥哥最近交了一個女朋友，妹妹很不高興，所以她拿了哥哥的手機，假冒他跟女友分手，被哥哥發現了。哥哥很生氣的把這件事跟爸媽說。

爸媽應該怎麼辦？

Ⓐ去把妹妹罵一頓。

Ⓑ提醒哥哥，爸媽把妹妹交給他照顧，他不要忘記對妹妹包容和忍讓。

Ⓒ鼓勵哥哥守衛和肯定自己的界線。

解答❶父母應該：

Ⓐ去把妹妹罵一頓。

爸媽去罵妹妹，哥哥還是學不到要如何守衛自己的界線。

Ⓑ提醒哥哥，爸媽把妹妹交給他照顧，他不要忘記對妹妹包容和忍讓。

如果爸媽這樣教哥哥，那他就會以爲，想要對照顧的人好，就是不守衛界線、不拒絕無理的要求。如此一來，哥哥長大後在職場當主管，他想要照顧下屬時，就會習慣奉獻自己的界線，然後不拒絕無理的要求。這樣他這個主管會做得非常爛、也做得非常累。

Ⓒ鼓勵哥哥守衛和肯定自己的界線。

妹妹假冒哥哥去跟他的女朋友分手，哥哥生氣是自然的，父母鼓勵哥哥肯定他的情緒，往後他才會知道，照顧別人、對別人好，不應該等同於犧牲自己的界線、讓人踐踏自己的界線。

Ⓓ 教哥哥女朋友可以換，但妹妹是不能換的。

哥哥想要跟誰親近，是由他來決定，不是爸媽。況且，即使妹妹是換不掉的，也不表示妹妹就可以隨意踐踏哥哥的界線，不考慮哥哥的感受。

2 孩子是學校校刊的主編。校刊印刷是有期限的，但大家除了校刊的工作外，都還有學業要照顧，所以有時交稿會出現困難。孩子的功課很好，做事很快，所以就常常幫大家把該交的稿子寫好了。校刊部同學看主編那麼能幹，最後不只是要求孩子幫忙弄校刊的事，也紛紛開始要求主編協助其他課的作業。孩子最後負荷不了了，就開始拒絕大家的要求。成員因為孩子的拒絕而感到很不高興，開始在其他地方講孩子是一個驕傲的主編，不願意協助校刊記者之類的閒話。消息傳進孩子的耳裡，他感到委屈萬分，回家跟父母哭訴。

爸媽應該怎麼做？

Ⓐ 跟孩子說：「我就跟你說你不該對別人那麼好！一點領導人的樣子都沒有！」

Ⓑ 先取得孩子的同意，才提供意見。

Ⓒ教孩子幫助≠幫忙把事情做好，幫助＝提供把事情做好的工具。

Ⓓ跟孩子說：「你是做主編的，是不是當初對大家好一點，不要拒絕他們，就不會發生這樣的事了？」

解答❷ 父母應該：

Ⓐ跟孩子說：「我就跟你說你不該對別人那麼好！一點領導人的樣子都沒有！」

好的領導，並不是不能對別人好。好的領導，能夠在守好自己的界線下對別人好。

Ⓑ先取得孩子的同意，才提供意見。

孩子會陷入這樣的相處問題，是因爲他一開始沒有守好做事的界線，才會引人一步步的踩進他的界線裡。如果現在孩子並沒有要家長給意見，家長擅自給了，那其實是越界的，對教育孩子守衛自己的界線，不但沒幫助，還有錯誤的示範。

Ⓒ教孩子幫助≠幫忙把事情做好，幫助＝提供把事情做好的工具。

幫人把事情做完，不叫幫忙，叫介入。做領導的人不停的介入別人的工作，最後被領導的人就什麼都做不成、什麼也不會做。一個領導人要幫助下屬，不是要幫他把事情做完，而是提供他把事情做好的工具。比如，校刊記者交稿有困難，很可能是時間管理不當造成的，那作爲校刊主編，他要提供的就是管理時間的方法，這樣校刊記者才可能在學業之外，把校刊的稿子寫完。如果孩子從小沒有學會這件事，那長大後，他領導的人愈多，他就只會愈累、愈沒效率。

Ⓓ 跟孩子說：「你是做主編的，是不是當初對大家好一點，不要拒絕他們，就不會發生這樣的事了？」

孩子當初就是對大家太好了，把別人的事拿來自己做好，把自己的時間隨意的跟大家分享，才會出現後來拒絕時的相處問題。家長還繼續這樣教，孩子往後扮演任何領導的角色，就都會一直出現同樣的問題。

4 幫助孩子做一個不只會罵人的老闆

攻擊式溝通，常是無效管理

成嘉個性很急，什麼事都要現在完成。員工其實都很怕他，但公司裡的事卻還是常常沒有做好。這天行銷經理捎來了壞消息，產品上市拖延了，成嘉就開始暴跳如雷，他對著產品經理說：「你們這一群蠢蛋，我養你們都是白養了！沒有一件事做得好！你們到底有沒有在動腦筋呀！每天都一副文青樣，卻什麼事都做不成！」

如果你是成嘉的員工，在被罵完後，你會知道自己到底哪裡做錯了嗎？你會知道「文青樣」是什麼樣嗎？被罵蠢以後，就會知道要怎麼樣才會不蠢嗎？用這種溝通方式講話，別人頂多知道自己做錯了，卻完全不知道下次要怎麼做才對。這是一種很沒有建設性的講話方式，它不能達到建設未來的效果，卻挾帶很強的毀滅效果。它能摧毀互信、士氣，更能摧毀動力。這樣的領導人，能發揮的組織效能實在很有限。

我們的文化裡常常下意識的認爲，會罵人的人才是強而有力的領導人。我有一個學生，對同組做報告的同學出言不遜，被帶到輔導室。他的爸爸來到輔導室時，卻舉起大姆指對我說：「我兒子眞是一個天生的領導人！」這位學生這一組最終卻是因爲失去互信的關係，而出產了一份很爛的報告，老師給了很低的分數。說到底，不管人坐的是什麼位置、負有什麼樣的重任，我們的第一個頭銜都是人。會做人的人，都不該越界攻擊和貶低他人。這個做人的道理，是父母應該從小就在家教育的事。畢竟，有效領導和下達指令≠越界攻擊。

諮商小案例

我在諮商大老闆時，常聽他們說，有些人就是一錯再錯，永不悔改，所以必須罵。我問他們，那罵完後這個人是不是就知錯能改了？答案通常是否定的。但是每一個罵人的老闆都很有信心，員工是怕他們的。都用力罵了、努力罵了卻還沒有用，是因為怕≠做好。相反的，我們在自己害怕的人面前，表現其實都很差，因為人只要一恐懼就會很反常。反常的人，是無法發揮潛力的。

給成人子女的話

很多人都覺得會罵人的人，都是很強硬的人。其實會用責罵和暴力解決事情的人，都充滿了恐慌和恐懼，它有點像受困的動物開始亂咬人那樣。所以，如果你一直很困擾，不知道為什麼自己動不動就會攻擊他人，攻擊完以後又覺得自己很爛，那你並不只是需要規範你的表達情緒的方法，你要探索的，是你到底在害怕什麼？你要在自己的童年記憶裡搜索一下，有沒有人攻擊過你？深深的傷過你？讓你覺得一有危險，就必須攻擊別人才能生存。

選選看：對事不對人

1 哥哥跟妹妹只差兩歲，他們共用一個廁所，說好每週輪流清掃廁所。有一天，哥哥發現妹妹那週掃廁所時漏了刷馬桶，就對妹妹開罵了，他說：「你到底是不是女生呀！沒有見過像你這麼髒又這麼懶的女生耶！就一個廁所，也可以掃成這樣，眞是夠笨的好不好！」哥哥就這樣連環罵，一直人身攻擊，最後把妹妹弄哭了。

爸媽應該怎麼做？

Ⓐ 把兩個都罵一頓。
Ⓑ 站哥哥這邊，因為本來就是妹妹不對。
Ⓒ 站妹妹這邊，因為哥哥不應該人身攻擊。
Ⓓ 重申尊重界線的重要、教育互動規則，請哥哥再跟妹妹講一遍。

解答❶ 父母應該：

Ⓐ **把兩個都罵一頓。**

如果要教育哥哥想說什麼不要用罵的，但教的時候卻是用罵，會是很糟的示範，效果會很差。

Ⓑ **站哥哥這邊，因為本來就是妹妹不對。**

即使一開始是妹妹不對，哥哥有情緒沒有罪，但他表達情緒時也不該人身攻擊。

Ⓒ **站妹妹這邊，因為哥哥不應該人身攻擊。**

但是一開始是妹妹在使用與哥哥共同的領域時，沒有尊重哥哥，哥哥才會生氣的，他生氣並沒有錯。

Ⓓ **重申尊重界線的重要、教育互動規則，請哥哥再跟妹妹講一遍。**

教育兄妹什麼是界線。讓妹妹知道，她與哥哥共同使用一個空間，所以廁所等於是他們分享的界線。如果妹妹使用時不尊重這個空間，她也就同時越了哥哥的界線，所以哥哥才會有情緒。讓哥哥知道，妹妹越他的界線惹他生氣，沒有問題，但他現在表達情緒的方法是攻擊了妹妹的界線，因為他說妹妹髒、懶，都是在說妹妹這個「人」。如果哥哥眞的要溝通而不是只罵人，那他就要告訴妹妹她沒有做到的「事」。如果哥哥除了指出妹妹哪裡做錯，他還能再教妹妹怎麼樣做才對，再附加說明往後他希望妹妹能怎麼改進，那就叫有效溝通。哥哥現在如果能學會什麼是有效溝通，往後在與人共事時，才不會只懂得罵、不懂得教。

2 孩子是社會課的小老師，他在家裡跟同組的同學一起討論報告，有同學沒有準備好自己該研究的部分，你聽到孩子拍桌子大罵：「你是豬呀！那麼一點點東西也弄不好！我告訴你，你不要把我們當傻瓜，不知道你是在偷懶！」同學聽完，臉色很難看的收拾東西就離開了。事後孩子來跟父母抱怨，說同學不認眞做同組報告，會影響進度和大家的分數，孩子很生氣。

爸媽應該怎麼做？

Ⓐ稱讚孩子是一個好的領導。

Ⓑ聆聽，不介入。

Ⓒ教育孩子「對人不對事」與「對事不對人」的差別。

解答❷ 父母應該：

Ⓐ稱讚孩子是一個好的領導。

一個好領導，不是只會帶頭（＝領），他應該還會指導（＝導）。一個只會帶頭的人，叫領頭，不叫領導。孩子罵了同學一頓，盡是「你！你！你！」，都是越界攻擊的言語，沒有一點建設性的指導。往後帶著這樣的習慣進職場，他還是只會罵人，卻不會指導，會是一個傷人又累己的主管。

Ⓑ聆聽，不介入。

如果孩子與他人有衝突，沒有問父母要如何處理，父母是應該尊重孩子不隨意越界插手孩子與他人之間的關係。但是，如果孩子讓我們知道他傷人，或他在我們面前傷人，尤其是做學校的功課，而不只是朋友之間的相處，那做父母的應該予以糾正。因爲即使孩子沒有動手打人，但是言語的傷害，跟身體的傷害其實沒有兩樣。孩子表達情緒的方法有誤，父母應該介入指正教導。

Ⓒ教育孩子「對人不對事」與「對事不對人」的差別。

「對人不對事」與「對事不對人」是不同的。同學沒有好好做研究，耽誤了同組的討論，這件事他做得不對。要修正這個問題，那就討論這件事，這就是「對事不對人」。罵人家是豬、指責同學把人當傻瓜或偷懶，都跟同學到底做錯什麼事無關，這些言語都是在攻擊同學，這就是「對人不對事」。孩子必須早早認清這兩種溝通方式的不同，建立「對事不對人」的講話習慣，未來才可能做一個有效的主管和領導。

諮商小案例

第1題的真實案例，其實最後是爸爸站妹妹這邊跟哥哥吵，媽媽站哥哥這邊跟妹妹吵。如果沒有有意識的引導，孩子長大後，比較容易跟與自己同性的父母爭排序。就因為有這種爭排序的氣氛，這是為什麼父母多數都與自己異性的孩子處得比較好，也因此比較偏袒他們。但是，這樣的偏袒，會讓一個家庭分裂。不只如此，孩子之間有衝突，如果父母不是在一旁輔導調解，而是介入一起參與爭鬥，那最大的輸家，必定是孩子之間的感情。有這種情況的家庭，兄弟姊妹之間的感情很難會好。孩子的天性都是希望得到父母的愛，所以在這樣的爭鬥中，孩子很少會想清楚是父母介入造成問題，他們多數都會很反射的去責怪手足，造成手足之間長期的矛盾與衝突。

上述的家庭經過諮商調解後，父母不再介入兄妹之間的衝突，只在一旁設立與執行互動規則。兄妹之間的對罵，後來變成了對談，談得多了，衝突就愈來愈少。最後，兄妹兩人從無法忍受對方，演變成了欣賞對方，真正成為了朋友。

5避免孩子做一個指令不明的老闆

被動式溝通，下屬永遠猜不到你要什麼

惠茜是一個很內向的主管，手下帶了一個五人小組。惠茜覺得，每一個人都應該有自知之明把事情做好，所以當下屬做事出錯時，她都是很委婉的告訴員工。但是，由於惠茜太委婉了，員工常常聽不懂問題出在哪裡。這天，惠茜組裡的仁德花了很多時間，趕出了一個廣告案。但是，由於仁德沒有好好聆聽客戶的需求，廣告腳本雖然很有創意，卻沒有說到客戶產品上的重點。惠茜知道仁德因爲這個案子加班了好幾天，所以她不忍心責怪仁德，只說：「仁德，你做得很好，但是不知道方向對不對。」仁德聽得一頭霧水，做得很好怎麼會方向不對呢？所以仁德很急的問：「方向哪裡不對？」惠茜看仁德有情緒，就更加小心的說：「也不是說方向不對啦，我是想，這個故事這樣適不適合？」仁德更加弄不清楚怎麼回事了，他說：「你是什麼意思？」惠茜覺得仁德快生氣了，所以她馬上說：「算了算了，我們等客戶看了再說。」

惠茜這種有什麼問題，不直接講清楚的習慣，叫「被動式溝通」。這樣講話，等於沒溝通。因爲沒溝通到，所以人家不知道哪裡做錯了，也不知道要如何改進。給這樣的主管做

事，跟與只會罵人的主管做事一樣很累，是因爲都一樣弄不清到底是哪裡做錯了，也弄不清到底該怎麼做才對。雖然惠茜不講清楚的用意是爲了不想傷害仁德，但是，她沒有清楚的指正仁德的錯誤，給予指導和修正，最後事情做不好，受傷的還是仁德。就像這一次，客戶給仁德反饋時，可能就不會留情。

所以，如果孩子不敢清楚表達自己的感受、不能清楚表達自己想要什麼，那家長一定要花一點時間教導和鼓勵孩子，勇於表達自己的感受、勇於把自己想要對方有什麼行爲講清楚。這樣孩子長大後當了主管，才不會老是因爲指令不明，而把下屬累死，最後也把自己累死。

給成人子女的話

大部分的人都覺得，我們是因為個性不同，才會有不同的溝通習慣。其實，我們的溝通習慣不是源於個性，而是環境使然。人在安全的環境裡，原本就有把自己的需求大聲說清楚的能力，而人在安全不被攻擊的環境裡，也不需要攻擊別人用以防衛。但是，如果人生長在不安全的環境裡，結果就不一樣了。在不安全的環境裡長大，有些人是靠著「沉默不講話、順從不反抗」生存，有些則是人靠著「防衛反抗、攻擊他人」生存。所以，如果你覺得自己總是用很被動的方法去溝通，那可能要想想，在你長大時，有什麼樣的情境讓你覺得「不能講清楚」，是哪些事情讓你覺得講出來、講清楚會有危險？回想過後，不要忘了提醒自己「你現在已經長大了」，只要你不允許，沒有人可以傷害你。

選選看：下達清楚的指令

①麗華是獨生女，但她有好幾個表妹表弟，是家族裡的大姊頭，比大家都大很多。由於麗華是家裡最大的，所以家庭聚會時，大人都要求麗華不要傷著小的、嚇著小的，表妹表弟的爸媽都不斷的耳提面命要求麗華讓著小的。因此只要是麗華照顧的人，她就很習慣溫柔講話，小的做錯什麼她都盡量不指責。有一天麗華帶著幾個表弟表妹去公園玩，有一個表弟特別皮，把自己掛在樹枝上盪，其他幾個表弟妹在下面尖叫亂竄，麗華管不住他們。表弟掛的樹枝一斷，掉下來落在另外一個表妹頭上，表妹送醫，判定有腦震盪。表妹的媽媽氣急敗壞的問麗華：「你是怎麼帶他們的？」麗華很委屈的說：「我有叫他們不要這樣。我一直說你們不要這樣、不要這樣。」

爸媽應該怎麼做？

Ⓐ教麗華在領導的角色裡，清楚大膽的溝通她想要什麼，是非常重要的。

Ⓑ把麗華罵一頓。

Ⓒ請表妹的媽媽給麗華空間，教麗華往後如何擋掉其他親戚對她的要求。

解答❶父母應該：

Ⓐ教麗華在領導的角色裡，清楚大膽的溝通她想要什麼，是非常重要的。

被動溝通之所以叫作「被動」，是因爲不溝通清楚的人，是很「被動」的認爲「我不講你也應該知道」。但是，人眞的很有可能不知道。就好像麗華說「你們不要這樣」，但是「不要這樣，那到底要怎樣」？如果麗華很有權威的跟掛在樹上的表弟說：「你現在就下來。」或者她很有權威的跟在地上亂竄的表弟和表妹說：「你們現在都站過來。」那傷害都可以避免。如果現在麗華不把被動的講話方式改掉，將來她當主管時，指令會永遠不清楚。因爲指令不清楚，工作品質會一直受影響，她的下屬會很累，最後一定有人會受傷。

Ⓑ **把麗華罵一頓。**

罵麗華只會讓她覺得更害怕、聲音更小。人在領導的角色時如果恐懼過多、自信不足，即使講清楚了也沒有人會聽的，因爲她講出來的話權威感會不夠。所以，罵孩子，不是培養領導力的好方法。

Ⓒ **請表妹的媽媽給麗華空間，教麗華往後如何擋掉其他親戚對她的要求。**

麗華年紀最大，所以她跟表弟表妹玩，等於是大姊姊幫大家帶孩子。既然是麗華帶著玩，就應該按麗華的方法，不應該由親戚點菜般的要求。如果麗華要能帶好人，那她就必須奠定自己的權威，這樣表弟和表妹才會聽她的話，爸媽應該要協助她做好這件事。

2 孩子帶隊去參加機器人比賽，她是隊長，父母那天隨行。到了會場，在清點零件時，發現有一個同學的東西沒帶齊。孩子責備同學爲什麼東西沒帶齊，同學說：「你昨天打來要我自己按上次比賽判斷帶什麼，我上次就是帶這些呀！」孩子很洩氣的說：「上次比賽是A連盟的，我是說按上次B連盟的比賽呀，今天我們參加的是B連盟啦！哎喲！我是不想聽起來是個囉嗦的隊長，才沒有多說的。結果你就忘了，眞是的！」比賽結束後在回家的路上，孩子抱怨起這個同學：「爲什麼有些人一定要別人盯著才能做好事呢？」

家長該怎麼回答？

Ⓐ跟著孩子一起抱怨同學。

Ⓑ要孩子下次遇到這種同學直接用罵的。

Ⓒ問孩子為什麼怕別人覺得他囉嗦？有沒有以往的經歷帶給他這樣的恐懼？教他清楚的指示和囉嗦的差別。

解答❷父母應該：

Ⓐ跟著孩子一起抱怨同學。

孩子是隊長，隊員沒有做好事，她感到挫折、有情緒是自然的。父母要安慰她最好的方法，就是接納她的情緒。跟著孩子一起抱怨這位同學，是接納情緒的好方法。

Ⓑ要孩子下次遇到這種同學直接用罵的。

事情發生後才用罵的，就是被動，因爲罵時事情已經過去了，於事無補。主動，是在事情還沒發生前，先做好預防。主動溝通的主管，才可能預防問題產生。

ⓒ問孩子為什麼怕別人覺得他囉嗦？有沒有以往的經歷帶給他這樣的恐懼？教他清楚的指示和囉嗦的差別。

孩子害怕，是一個情緒，孩子有情緒，一定有原因。把原因找出來，才能處理他的恐懼。

家長並且要教孩子，囉嗦＝講完後不管別人的反應爲何，卻一講再講。它跟清楚的指示不同，清楚的指示＝很花心神的講一遍，而且講完後，會觀察別人的反應爲何。做一個有效的領導不能囉嗦，卻一定不能少了清楚的指示，也就是該講的要至少講一遍，並且要細心的觀察對方執行的效果。

6 避免孩子做一個不教只罰的老闆

被動攻擊式溝通，只會傷害合作關係

大偉是個脾氣很溫和的老闆，他很少大聲罵人，但是在公司裡大家壓力都很大，因爲當你知道做錯時，就一定會很難看了。例如小張最近在忙一個案子，在初擬和中間審查時，他都有把案子交給老闆看過，老闆都沒有說什麼。那天案子交上去了，大家坐在一起開始討論這個案子時，老闆卻把案子的內容批得體無完膚，讓小張的臉一陣紅一陣綠的。之前亮亮也嚐過同樣的苦頭。亮亮那個月常常被主管派到合作單位開會，開完會才進公司，在門口被老闆撞見過幾次，老闆什麼都沒說，只是對她笑笑。沒想到幾個星期後，公司裡便傳開了一個消息，說老闆在主管會議上跟大家講，他覺得亮亮是一個自以爲漂亮，就可以偷懶的女員工，他還說亮亮一天到晚遲到，實在太偷懶了。

大偉這種溝通習慣，就叫作「被動攻擊式溝通」。當他看到了覺得該改的地方，悶著不當面講，後來才找一個時間去攻擊人家。被動攻擊有點像你惹到了我，我不告訴你，但我背地裡報復你，被報復的人一定會有情緒，影響工作。況且，這樣延遲被攻擊，大部分的人都會覺得「你怎麼不早講呢？」「早講早改不就好了嗎？」由於不是當下、當面就講，所以別人百口莫辯」。這種溝通習慣，從來都不給人當面把事情講清楚的機會，所以領導的人很難眞正有指導的機會。沒有指導，就直接被罰，影響工作士氣。沒有指導，所以該改的還是一直會錯，影響工作品質。

因此，孩子從小有領導機會時，如果不敢當面把他需要人家做的事講清楚，爸媽一定要鼓勵和指導，讓孩子養成好的溝通習慣。這樣他長大後做主管時，才不會不教就罰，不但事情做不圓滿，而且還讓下屬心生恨意。

給成人子女的話

就像前面所說的，我們的溝通習慣不是個性使然，而是環境使然。成長環境如果讓我們覺得不安全，那我們可能就會用不同的方式生存。如果你發現你有什麼感覺，都不是當面跟別人溝通，而是背著人家講，或是像大偉那樣等到人多你覺得安全時才講，那你可能要回想一下，在你成長的過程中，有哪些情境是讓你感到危險的？在那個當下，你是不是覺得當面講很不安全，但有情緒卻又不知如何宣洩，因此只能找別人講。找到問題所在後，提醒自己，你不再是那個無助的孩子了，你已經長大了，該是換一個比較有效溝通習慣的時候了。

選選看：當面溝通才是有擔當

1 爸爸生病住院，兄弟姊妹輪流到醫院輪班。除了輪班表是由小弟主導分派外，連照顧爸爸的財務也是由學會計的他在主掌。在管理這個班表和財務的過程中，做大哥的常常倚老賣老，跟小弟討價還價照顧爸爸的時間、要給付的費用。小弟覺得大哥很煩，就在全家人的LINE群組裡很不給大哥面子的說：「既然大哥不是很情願來照顧爸爸，總是跟我討價還價，那我自願再加我太太去値一個班，能讓爸爸得到比較好的照顧。除此之外，大哥不願意付的那一份費用，也由我承擔好了。」

爸媽該怎麼辦？

Ⓐ 鼓勵小弟往後有什麼感覺時，當面跟那個人講明白。
Ⓑ 把小弟罵一頓。
Ⓒ 把大哥罵一頓。

解答❶ 父母應該：

Ⓐ鼓勵小弟往後有什麼感覺時，當面跟那個人講明白。

小弟是領導照顧爸爸計畫的人，當有團員不支援而來跟主掌的人討價還價時，小弟不高興是很自然的。但是小弟不高興沒有跟大哥當面直講，而是趁人多時捅了大哥一刀，這就是被動攻擊。被動攻擊不能解決問題，只會使人心生恨意，阻礙工作本質，不是領導人管理時最好的溝通選擇。

Ⓑ把小弟罵一頓。

父母只要選邊站，就很可能被誤以爲是偏心，所以爸媽最好不要介入。況且，小弟對大哥的行爲有情緒，並沒有錯，只是他選擇表達的方式很傷人又很無效。

Ⓒ把大哥罵一頓。

父母只要選邊站，就很可能被誤以爲是偏心，所以爸媽最好不要介入。但爸媽可以鼓勵大哥和小弟當面、直接把事情講清楚。這樣兩邊都能同時把自己的感受講出來，事情才有可能得到解決。

2 孩子是學校的學生會會長，幹部常常在家裡一起開會，但管活動的學生會幹部常常不到，而且也不請假，孩子本來就很不高興了，但他從沒有跟這位同學直接表達過他的不滿。這天，大家聚在家裡開會，討論的是運動會當天學生會的工作，結果活動組的這位同學又沒到。孩子很生氣，就直接在大家面前表達他的不滿。最後，整個學生會討論的結果，是報告老師這件事，並罷免這個同學。孩子開完會很興奮的跟爸媽說這件事。

爸媽該怎麼辦？

Ⓐ跟孩子一起興奮。

Ⓑ把孩子罵一頓，說他是一個邪惡首領。

Ⓒ鼓勵孩子有什麼感覺，直接跟活動組同學當面溝通。

解答❷ 父母應該：

Ⓐ跟孩子一起興奮。

如果現在孩子領導時，他的下屬做錯事，他不教，而是直接把下屬移除，那往後孩子在職場做主管時，他就也不會教，只會移除自己不滿意的下屬。一個有效的領導人，必須懂得如何把自己不滿意的下屬教成讓自己滿意。即使這個人不適任，做領導的人也必須透過溝通而發現。因此不管如何，孩子都要從直接溝通開始學起，等孩子學了新的溝通技能，才可能捨棄被動攻擊這種比較沒有效的溝通方式。

Ⓑ把孩子罵一頓，說他是一個邪惡首領。

被動攻擊的人，大多數不是預謀要在背地裡攻擊他人。被動攻擊的溝通方式多是一種習慣，既然是一種習慣，那它就是存在潛意識裡的，因此它是一種不自覺的行爲。由於不是故意的，父母只要糾正，再教導新技能即可，無須罵孩子，或是給孩子貼標籤。

Ⓒ鼓勵孩子有什麼感覺，直接跟活動組同學當面溝通。

孩子沒有當面跟活動組的同學說他的不滿，因爲這種話要當面說，是眞的不簡單，這是爲什麼大家都會下意識不說。等情緒累積久了，就會爆發，才會出現這種要剷除同學的氣憤行爲。提醒孩子，他還沒有當面跟活動組同學說過他的不滿，也就是說同學還沒有機會說明或修正自己。在這種情況下，孩子應該先做的事，應是直接跟活動組同學溝通他不高興的地方。鼓勵孩子，去把自己憋在心裡想講的話，都直接跟同學講。讓孩子知道，直接溝通是領導人該有的擔當。

7 讓孩子做一個值得人尊敬與服從的老闆

肯定式溝通，是管理的良伴

惠晴是顧客服務部門的主管，有一個客戶要求找主管，跟惠晴抱怨客服人員對他不禮貌。惠晴後來聽了一遍客服錄音，發現新進人員陽明從頭到尾都沒有接納客戶的情緒。惠晴管理人的第一原則是，從不假設員工是不想做好，而假設員工是因為不會才做不好。所以她把陽明叫進會議室，請他自己聽一遍客服錄音，然後問他有什麼感覺。陽明是個防衛心強的人，他開始為自己辯解。惠晴靜靜的聽完後說：「客戶會生氣到要找主管，是因為他每次說他哪裡不高興，你都和他爭辯、找理由。以後客戶講到他的情緒，只要表達時沒有攻擊你，你接納就好，不需要為公司找理由和藉口。我希望你把這個與客戶爭辯的習慣改掉，我們的工作是服務，不是說教。」

惠晴這樣的溝通方式，就是「肯定式溝通」。陽明為自己爭辯時，惠晴沒有跟他辯，她不用辯，因為她是主管，本來就有權決定。在這樣的溝通裡，能夠把別人做錯什麼講清楚，像惠晴就指出了「客戶會氣到要找主管，是因為他每次說他哪裡不高興，你都和他爭辯、找理由。」在肯定式溝通裡，能把別人到底該做什麼才對也講清楚，像惠晴就是在教陽明「以後客戶講到他的情緒，只要他表達時沒有攻擊你，你接納就好，不需要為公司找理由和藉口。」惠晴還很清楚總結了她對陽明的期盼：「我希望你把這個與客戶爭辯的習慣改掉，我們的工作是服務，不是說教。」

說它是肯定式溝通，是因為用這種方式說話的人，並不是在跟別人討價還價，他是很肯定的在下定義，這是一種「我告知你」的態度。他告知的，是屬於他界線內的事，就像陽明的工作範圍是屬於惠晴的管轄範圍，所以陽明的公事，惠晴本來就可以評論。惠晴這樣肯定式溝通，就是典型的對事不對人。她只說陽明所做的事，沒有攻擊陽明這個人，她沒有說：「你這人怎麼防衛心這麼強呀？」我們可以清楚看到，用肯定式溝通的領導管理的確較有效，因為討論陽明做的事比較有建設性，攻擊陽明是一個什麼樣的人，沒什麼建設性。說到底，即使惠晴是陽明的主管，惠晴的管轄範圍，也僅止於陽明所做的公事而已。

做主管的只討論屬於自己管轄範圍內的事，而不去越界評論下屬界線內的事，是領導人該有的專業態度。所以，孩子從小講話時，就給他建立良好肯定式溝通的習慣，往後他扮演領導角色時，就能夠很專業、有效的指導下屬。

給成人子女的話

我們上一代的溝通習慣都很差，所以很少有人見過健康的溝通模範，也就很難建立肯定式溝通的習慣。但是，這不表示我們不能從現在就開始練習建立新的溝通習慣。這更不表示，我們不能為下一代做一個好的溝通模範，早早為他們建立健康的溝通習慣。

選選看：直說，才能有效管理

1 姊妹倆歲數差滿多的，她們輪流承擔洗碗的工作。妹妹常常跟姊姊告假，一下子月經痛啦、一下子月考啦、一下子功課多啦，反正理由很多。姊姊很照顧妹妹，但姊姊做得多太多了，難免心裡開始不舒服。姊姊跟爸媽說了她對妹妹的不滿，但她很猶豫要不要跟妹妹直說，她怕直說了，妹妹會覺得傷心。她很疑惑，如果她要眞的直說，到底該怎麼說才好呢？其實洗洗碗又不是什麼大事，拿這種小事做文章，姊姊覺得很不好意思。

爸媽應該怎麼做？

Ⓐ 給姊姊鼓勵，建議她採取肯定式溝通。

Ⓑ 姊姊疼妹妹天經地義，多做一點沒什麼，讓姊姊忍著點，以維持家庭和平。

Ⓒ 把姊姊說一頓，為洗碗這種小事大驚小怪，姊姊應該覺得不好意思。

解答❶ 父母應該：

Ⓐ 給姊姊鼓勵，建議她採取肯定式溝通。

人的心裡有情緒，一定有它的道理，聆聽它的聲音，人才有解決問題的智慧。鼓勵姊姊接納自己的情緒，不但把妹妹到底做了什麼姊姊才會有情緒這事說清楚，同時也講清楚姊姊想妹妹接下來怎麼做。比如：「妹妹，我們是輪流洗碗，你卻常有事告假，讓我很不舒服。往後你告假後必須補假。」姊姊只講自己的情緒、講妹妹對她做的事，再講她對妹妹的期盼，這就是肯定自己的界線。整個溝通，都沒有越妹妹的界，它不是一個討價還價的過程，而是一個告知的過程。姊姊在家裡不學會用肯定式溝通，往後她在職場中做主管，就無法有效管理。

Ⓑ 姊姊疼妹妹天經地義，多做一點沒什麼，讓姊姊忍著點，以維持家庭和平。

父母這樣教，姊姊就會以爲，她就是應該爲她照顧的人多做一點，這樣才可能保持關係的和平。往後姊姊進職場不幸做了主管，就也會以爲她照顧下屬、保持組織和平的方法，就是自己多做一點，那她包準會是一個累死自己的主管。

Ⓒ把姊姊說一頓，為洗碗這種小事大驚小怪，姊姊應該覺得不好意思。

人只要有情緒，就絕對不是小事，現在不處理情緒，等它爆發了，就會變成了不可收拾的大事。姊姊應該學會：妹妹一天到告假卻不補假都不會不好意思了，那姊姊有什麼不好意思講出來？爸媽現在抹滅姊姊的情緒，等於是在抹滅她在職場裡解決問題的智慧。

2

孩子是排球隊的隊長，他最好的朋友也在隊裡。孩子最近很困擾，因爲每次他在給球隊講評時，他好朋友就會搶他的話去講評。像昨天比賽完，孩子按例檢討他們防守的漏洞，孩子講到一半，好朋友就接話說：「所以你們後排防守區的，以後不要老站在那裡，要主動提防點。」孩子跟父母說，他不知如果跟朋友直接說了以後，朋友是不是會覺得他用隊長的身分壓他，影響他們的友情？孩子問爸媽，他該怎麼辦？

爸媽應該怎麼做？

Ⓐ爸媽打電話給孩子的朋友，幫他跟朋友說說這事。

Ⓑ跟孩子說，他臆測朋友會怎麼想，其實是越界的。

Ⓒ鼓勵孩子有什麼感覺，直接用肯定式溝通方法跟朋友講清楚。

解答❷ 父母應該：

Ⓐ 爸媽打電話給孩子的朋友，幫他跟朋友說說這事。

這樣做，爸媽就越界了，而且因爲這是孩子跟朋友的事，爸媽講一點效果都沒有。爸媽去處理，只會讓孩子覺得自己弱小，爸媽不相信他的能力。

Ⓑ 跟孩子說，他臆測朋友會怎麼想，其實是越界的。

朋友會怎麼想，是他腦子裡的事，所以這是朋友界線內的事。孩子去猜朋友會怎麼想，就是越界的。不管我們越界的用意是不是爲別人好，只要我們越界，別人都有情緒，只要我們越界，都對關係有傷害。

Ⓒ 鼓勵孩子有什麼感覺，直接用肯定式溝通方法跟朋友講清楚。

同時扮演領導和朋友的角色，困難度本來就高。但孩子現在不學會，不管對方是誰，有什麼就用肯定式溝通直接說白了，往後他在職場裡如果管理的是自己的朋友，那他也會因爲怕失去友誼而退縮。孩子可以跟好朋友說：「你在我跟隊友講評時插話，很影響我的工作。往後我講完後，會開放大家提供意見，那時你就可以表達自己的意見了。」這就是肯定式溝通，把別人做錯了什麼講清楚，再把別人該怎麼做也講清楚。肯定式溝通的精神是告知我界線內的事，並不是把它開放來討論，所以孩子的身分是隊長，這個根本無須解釋，因爲它是事實。隊長的職責是把球隊管理好，而清楚的溝通是管理的不二法門。身爲好朋友，他應該能體諒孩子的責任而配合。如果好朋友因爲孩子肯定界線就不再是朋友了，那他就不能算是一個眞正的朋友。

8 讓孩子做一個懂得尊重專業的老闆

肯定員工界線，就是尊重專業

旭堯是一家食品公司的老闆，有鑑於消費者的需求變遷快速，所以他從非傳統食品產業中請來了一個新的經理。這位經理帶來了很多新概念，這些新概念跟旭堯原本的認知是相牴觸的，所以每一次新經理講什麼，旭堯都會挑戰他。久了，新經理和旭堯都煩了。旭堯開始不喜歡這個新經理，新經理也做得很痛苦，最後就跳槽到旭堯的競爭對手公司了。

我們都能指認得出，旭堯這麼做，是不尊重專業的行爲。但是，新經理不是本來就是旭堯管的嗎？他既然是旭堯管的，那當然就只有新經理尊重旭堯的份，哪裡有反過來的道理？專業，到底在哪裡？

我們在與他人共事時，就分享了同一個專業

界線，在這個共同的界線裡，多數是有領導人的。也就是，最後決定是屬於這個領導人的。就像旭堯一樣，他跟新經理分享了同一個專業界線，而在這個界線裡的決定權是屬於旭堯的。可是，雖然旭堯是主管這個界線的人，卻不表示只有他一個人擁有這個專業裡的知識和能力。所有分享這個專業界線的人，都有這個界線裡的專業知識和能力。一個懂得尊重專業的主管，就會尊重跟他分享同一個專業界線裡的人，對這個界線裡事情的看法，或者他給的反饋。但是旭堯現在不但不尊重，而且他還想抹滅新經理與他共享的專業界線，這個就是獨霸行爲。說到底，主管界線≠獨霸界線。與他人共享界線卻出現獨霸行爲的人，就是無法尊重專業。

孩子如果不能從小學會尊重與他分享專業界線的人的意見，那他很容易就會故步自封，無法有效領導他人，及時聽取反饋。當他長大扮演領導角色時，一定會不斷流失得力的人才。

給成人子女的話

如果你發現尊重專業有困難，那就要審視一下，你對與你共事的人，界線上的看法。回想一下，你成長時，家裡的大人要你幫忙時，是不是也不尊重你的意見與反饋？那時，他們是不是也是「我叫你做什麼你就做什麼，不要意見那麼多！」再靜心感受一下，當別人與你共事時不尊重你的意見，你的感覺是什麼？如果時光能倒回，你會希望那個不讓你有意見的人，如何修改他對待你的方法？現在你已經長大了，那你領導時會怎麼樣對待專業呢？

選選看：尊重專業，輕鬆當老闆

1 媽媽要加班，所以打電話給哥哥，要求他帶著弟弟把晚餐準備好。哥哥帶著弟弟一起去市場買菜，弟弟建議的材料，哥哥一概否決。回到家，弟弟積極參與切菜和做菜，給了哥哥很多意見，但哥哥都是一一打槍。最後，弟弟索性不幹去看電視了。其實，兄弟倆眞正會做菜的是弟弟，弟弟一不幹了，哥哥在廚房裡忙得團團轉，仍然沒辦法把晚餐搞定。爸媽回來時，發現沒飯吃，兄弟倆爭先說明究竟是怎麼一回事。

爸媽該怎麼辦？

Ⓐ 不理他們，叫外賣。

Ⓑ 把兩個人都罵一頓，說他們不體諒爸媽的辛苦。

Ⓒ 教育兄弟倆共事界線，教弟弟用有效的溝通方法說動哥哥，教哥哥尊重專業。

解答❶ 父母應該：

Ⓐ不理他們，叫外賣。

這種在家裡發生的兄弟相處問題，都是爸媽教育孩子相處、溝通與領導力的絕佳時機。錯過這樣的時機，下一次孩子再次面臨同樣的問題，就可能已經在職場了。

Ⓑ把兩個人都罵一頓，說他們不體諒爸媽的辛苦。

孩子發生了相處的問題，爸媽硬要扯上自己是辛苦的，孩子只會出現無謂的罪惡感，但是兩個人本來不會相處的問題，卻還是存在。這樣的家庭教育有點像是吃藥掩飾症狀，但病的根源卻還是沒有解決。

Ⓒ教育兄弟倆共事界線，教弟弟用有效的溝通方法說動哥哥，教哥哥尊重專業。

孩子有幸於小的時候與人共事，是難得的學習機會。在這個時候，父母發現問題，都還來得及教育和修正。兄弟倆人應該要了解，當他們共事時，他們就分享了同一個專業界線，這件事能不能成功，就看他們是否能溝通與尊重對方。弟弟如果發現哥哥不接納自己提供的意見，那他應該學習換不同的方法去打動哥哥。雖然媽媽把準備晚餐這件事交給哥哥主導，但這個專業界線並不是只有哥哥一個人擁有。因爲是共有，所以哥哥聆聽和接納一些弟弟的意見，才是尊重專業的表現。

2 孩子幫老師帶著同學，一起布置禮堂，主辦畢業典禮。有一位同學家裡是做音響器材的，他給了孩子很多使用音響器材的建議。孩子覺得自己是主辦人，不服氣同學給他那麼多意見，所以他們每次在家開會時，他都故意不讓這位同學知道。最後，畢業典禮那天校長在講台上致辭時，麥克風聲音很模糊，大家都聽不見。老師事後去質問家裡做音響的那位同學，那位同學就把孩子不接納意見，而且不讓他參與的事跟老師說了。老師打電話來，把事情的來龍去脈跟爸爸說了一遍。

爸媽該怎麼做？

Ⓐ 怪老師領導不力。

Ⓑ 教孩子把所有的問題，都怪在家裡做音響的同學身上。

Ⓒ 專業領域裡的意見並不是挑戰，而是反饋。教育孩子尊重專業的重要。

解答❷ 父母應該：

Ⓐ怪老師領導不力。

爸媽應該很感謝老師把領導的機會讓給孩子。不是每一個孩子在學校，都能夠得到領導的機會。

Ⓑ教孩子把所有的問題，都怪在家裡是做音響的同學身上。

教孩子把問題怪到別人身上，是很方便。但是如此一來，孩子就錯失了培養領導力的機會。往後孩子進了職場，成了主導負責的主管，那時如果他還是只會把問題都推到別人身上，他不可能會是有效的主管。

Ⓒ專業領域裡的意見，並不是挑戰，而是反饋。教育孩子尊重專業的重要。

就像老闆在專業界線內給的意見不叫攻擊，那叫反饋。同樣的道理，員工在專業界線內給老闆的意見不叫挑戰，那也叫反饋。接納員工的反饋，就是尊重專業的開始。讓孩子知道，尊重專業是有效領導的基石。

有一個老闆問過我：「你說做主管要肯定式溝通，是告知的態度，然後又說要尊重專業，尊重專業不就是一個討論的態度，你到底要我怎麼做，是告知還是討論？」肯定式溝通裡講的是員工「做出來的事情」，而尊重專業這裡講的是員工的「看法、思想、意見」。一個是處理員工行爲的方法，一個是在講如何對待員工腦子裡的事。領導人應該要分清楚員工的行爲和思想是兩回事。懂得管理行爲和尊重思想的老闆，最輕鬆！

9 讓孩子做一個輕鬆帶人的老闆

帶人，就是關係管理

康晉是一個便利店的店長，把店管理得很好，員工們都很盡責，服務都很好。店裡有一個新來的小妹妹，還弄不清楚狀況。上次她本該交的補貨單遲交了，康晉已經找她談過一次了。康晉說：「你不準時把補貨單交給我，接下的店裡的運作都會被你卡到。請你下次該交什麼，要準時交。如果你下次再不準時，那我就要增加你洗刷廁所的時間了。我現在再教你一遍怎麼塡補貨單，OK？」又過了一個星期，小妹妹跟康晉說好了什麼時候要交補貨單，結果她又沒交就逕自回家了，弄得康晉只好自己點貨補貨，搞到很晚。第二天小妹妹來，康晉就跟她說：「昨天你本來說好該交的單子又沒交給我，從今天到下星期我們店裡的廁所就都歸你掃。請你下次不要再忘記準時交補貨單。」小妹妹下次該交的補貨單終於沒遲交了，康晉也沒有忘了這件事。他跟小妹妹說：「你這次補貨單沒有遲交，沒有拖到我做事，做得很好！」小妹妹很高興自己的努力被肯定，雖然還是按時間去刷廁所，但她還是謝謝康晉給她的指導。

康晉就是一個會帶人的老闆，因爲他懂得關係管理。帶人的人，就必須建立關係，如果不懂得管理關係，就會很累。像康晉這樣，他知道員工做錯了什麼，要直白清楚的用肯定式溝通去講。他沒有等員工犯了好幾次錯才來講或處罰，他是第一次就講清楚。康晉在指正錯誤時，卻只對事不對人，他只討論小妹妹做的事，卻沒有說「你怎麼那麼笨！」當他溝通完畢後，小妹妹卻還是做錯了，康晉有費心去懲罰她，給她痛苦的記憶（刷廁所）。人爲了要避免痛苦的記憶，就會尋求改進。當小妹妹有改進、做對時，康晉也有鼓勵她。人爲了要再次體驗那個美好的記憶，就會重複同樣的行爲。所以，懂得關係管理的人，才眞正是懂得帶人的人。懂得帶人其實就是關係管理，才能夠輕鬆做老闆。

孩子如果從小在與人相處時，就能學習如何關係管理，那長大以後進入職場這個社群，才能輕鬆的勝任工作。

選選看：管理關係，需要耐心與時間

1 〔延續301頁的故事〕姊妹倆歲數差滿多的，她們輪流承擔洗碗的工作。妹妹常常跟姊姊告假，一下子月經痛啦、一下子月考啦、一下子功課多啦，反正理由很多。姊姊很照顧妹妹，但是姊姊做得多太多了，難免心裡開始不舒服。姊姊跟爸媽說了她對妹妹的不滿，但是她很猶豫要不要跟妹妹直說，她怕直說了，妹妹會覺得傷心。她很疑惑，如果她要眞的直說，到底該怎麼說才好呢？其實洗洗碗又不是什麼大事，覺得拿這種小事做文章很不好意思。後來姊姊接受的爸媽的建議，鼓起勇氣跟妹妹講了她的感受，妹妹滿口答應姊姊一定會改。但是，下次她告假完了，又不自動來補假。姊姊跟爸媽抱怨：「我就說講了沒用吧!!她還不是一樣！」

爸媽該怎麼辦？

Ⓐ讓姊姊了解，溝通≠管理。話說了，還要加上管理的行為，別人才會把她的話當真。

Ⓑ姊姊已經說了，那就算了。

Ⓒ去幫姊姊跟妹妹說。

解答❶父母應該：

Ⓐ讓姊姊了解，溝通≠管理。話說了，還要加上管理的行為，別人才會把她的話當真。

溝通，只是講清楚界線，聽到的人是以大腦的意識在接收。但人做的事通常都是一種習慣，習慣是潛意識在主導的。所以要改變行爲和習慣，一定要創建記憶。痛苦的記憶，讓潛意識想避開，所以避免做這件事。美好的記憶，讓潛意識想接近，所以再繼續做這件事。這個記憶的創建才是管理。所以，當妹妹又犯老毛病了，姊姊就應該給予痛苦的記憶。

後來爸媽問姊姊，什麼對妹妹來說是痛苦的記憶？姊姊說不讓妹妹跟她的朋友一起逛街，妹妹會痛苦。所以姊姊跟妹妹說：「你告假卻不自動來跟我補假，所以週末我跟朋友一起去逛街不帶你了。」妹妹很難過。又過了一個星期，妹妹自動來補假了，她自動要求洗碗。姊姊就跟妹妹說：「你這樣自動來補假不用我叫，我心裡舒服多了，這樣很棒！」姊姊抱了抱妹妹。

溝通只是管理的一環，眞正有效的關係管理，不能只說不做，說了以後要有行爲跟進，他人才可能改變習慣。

Ⓑ 姊姊已經說了，那就算了。

姊姊雖然已經說了，但她還沒有完整的管理她和妹妹之間的界線，也就是管理的步驟還沒走完，爸媽應該要教導和提醒。（請參見111頁管理方法三步驟）

Ⓒ 去幫姊姊跟妹妹說。

如果是爸媽跟妹妹說，那妹妹就會更不尊重姊姊了。因爲我們的界線，應該是自己守衛才對。往後姊姊在職場中碰到同樣的關係問題，總不能也靠爸媽去說吧?!

2

〔延續303頁的故事〕孩子是排球隊的隊長，他最好的朋友也在隊裡。孩子最近很困擾，因爲每一次他在給球隊講評時，他好朋友就會搶他的話去講評。像昨天比賽完，孩子按例檢討他們防守的漏洞，孩子講到一半，好朋友就接話說：「所以你們後排防守區的，以後不要老站在那裡，要主動提防點。」孩子跟父母說，他不知如果跟朋友直接說了以後，朋友是不是會覺得他用隊長的身分壓他，影響他們的友情？最後孩子接受了父母的建議，直接跟朋友說了他的感受。朋友並沒有怪孩子，還跟孩子道歉，他們談完的那個比賽後，朋友並沒有插孩子的話。但是，這一次比賽完，同樣的情形又發生了，孩子的好朋友又插了他的話，點評隊員的表現。孩子這次更生氣了，回到家嚷嚷：「我就知道講了沒有用，他根本就不是我的朋友！跟他講根本是浪費時間！」

爸媽該怎麼跟他說？

Ⓐ同意那個朋友不能算是朋友。

Ⓑ提醒孩子朋友努力改變了，沒有得到鼓勵就是懲罰。

Ⓒ跟孩子說如果做隊長太頭疼了，就別做了。

解答❷ 父母應該：

Ⓐ 同意那個朋友不能算是朋友。

只有溝通，沒有行爲跟進，不能算有努力管理。在還沒有努力管理之前就放棄關係，是很可惜的一件事。一個朋友算不算是朋友，必須努力管理關係後，才可能知道的。

Ⓑ 提醒孩子朋友努力改變了，沒有得到鼓勵就是懲罰。

其實孩子跟朋友溝通完後，朋友有嘗試著改變。但是孩子沒有即時鼓勵朋友，也就是沒有即時建立美好記憶。所以行爲沒有得到獎勵＝懲罰。朋友努力改變，沒有得到美好記憶，潛意識覺得是白做工，那就變成了一個痛苦的記憶，既然痛苦，那下次就別做了。所以，朋友沒有持續改變，是因爲孩子管理關係不當造成的。提醒孩子再跟朋友說一次，然後等朋友做對時，趕快鼓勵朋友。讓孩子知道，一個關係的經營管理，本來就要投資時間，而且是長長久久的持續經營，並不是說說管管就可以放下的。

行為沒有得到懲罰 ＝ 獎勵

行為沒有得到獎勵 ＝ 懲罰

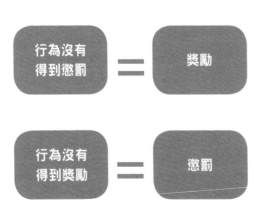

ⓒ 跟孩子說如果做隊長太頭疼了，就別做了。

其實，領導角色人人都跑不掉，就算不在職場，在家裡也會碰上。管人的人會頭疼，是因爲沒有學會關係管理。這是爲什麼孩子如果在家裡和學校有領導機會，最好早早就把關係管理的法門教給他們，這樣他們就不會頭疼了。所以孩子愈頭疼，爸媽就愈要教。

諮商實例 1

孩子管理與父母的關係（By 云兒和宇凡）

云兒來找我諮商時，問題一開始多是圍繞在管理員工上的困擾，她的溝通習慣引來了許多管理上與公司裡的危機。那時，我就很注意她兒時與家人相處的情況，因爲大多數人的溝通習慣多是在童年與家人互動時定型的。如果兒時的環境不安全，那某個溝通習慣可能是孩子爲了要生存演變而來的工具。雖然長大後情境已經不同了，但因爲那個習慣曾經救過我們，現在要來修改就比較困難。畢竟，被傷害久了的人都會反射性的保護自己。

很快的，我就發現影響云兒溝通習慣最深的人，是她的母親。那時，云兒盡量避免和母親見面，避不掉時會刻意安排其他人陪同。她和母親講電話時八成會出現情緒，甚至情緒崩潰失控，通完電話常常要生氣好幾天，也會失眠。直到有次通電話後，云兒自覺身心狀況已經崩潰到無法承受的地步，決定暫時不和母親聯絡，並同時尋求解決方法。這時，云兒就正式展開了這個人生裡重要的解題功課。

云兒說：「跟媽媽相處最困擾的事情是，我不會使用自己的情緒，常會被情緒綁架。」

從小到大，云兒常常看見媽媽和姊姊用摔鍋子、拿菜刀、狂吼大哭來展現情緒。云兒小時候也常會因爲不明原因被鞭打，或被要求頂著水盆跪算盤，媽媽和姊姊也常羞辱和貶低云兒，像是：「你是那個我不想生，卻意外有的孩子。你一出生就把父親剋死了，我生產時大出血差點被你害死，你還不孝順一點！」或「像你這種資質讀國中，一定會變太妹，家裡只能花大錢、靠關係送你去念私立初中……」云兒說：「不論我成長到幾歲，媽媽和姊姊都習慣用越界的方式和我說話，小時候無力反抗，三十歲後常常一言不合就和媽媽大吵大鬧，四十歲後身心都開始抗拒，但我搞不清楚是什麼在讓我討厭抗拒，一遇到媽媽，我就變回那個被欺負的小小孩，害怕、驚恐、抓狂……」云兒的母親一有越界語言，她就會被情緒綁架崩潰，每次和媽媽講電話，都變成了云兒的惡夢。這惡夢，也讓云兒和下屬員工出現問題。一遇到越界的員工，云兒就沒法冷靜地把事情說清楚，她會變成童年時媽媽抓狂那種樣貌來溝通，當然這樣是越溝越不通。她說：「心裡極端厭惡自己變成了我媽我姊的樣子，卻又在員工面前屢屢成爲了我媽和我姊，我也知道抓狂是無效溝通，只會把關係越推越遠，但還是一而再再而三的被自己的情緒綁架著，這是極度困擾我的事。」

云兒拒絕接媽媽電話後，她們就開始用信件聯絡。一開始云兒會很誠心的寫很多自己的心情和困難，還寄了書給媽媽看，希望媽媽能明白她的痛苦，而得到她的體諒與尊重。云兒後來才知道，因爲自己的母親是狼，所以愈是禮貌的要媽媽尊重不要再打電話，媽媽就越是一直狂打。我們開始解題功課後，云兒給媽媽的信、媽媽給云兒的信，我們都有一起討論，目的是要管理媽媽，一定要先做好榜樣、一定要有策略，在防衛自己界線時，不先越界。比如，云兒寄書給媽媽，要媽媽尊重她，其實是一個越界的舉動。

云兒其實很害怕打開她母親寄來的信，每一次展開信紙，都要有極大的勇氣。在我們一起看信時，我也有將媽媽越云兒界的地方圈起來，然後要求云兒，學習讓這些話「掉到地上」，不要接收、不要回應。云兒開始改變她回應媽媽的方式。後來信件一封一封越界的圈越來越少，直到有一天整封信都沒有越界的圈出現了，我便鼓勵云兒給媽媽的改變一些獎勵，云兒決定回家見母親了。她先選定過年期間，做好心理建設，擬定好步驟與策略，避開了自己的生理期，先打了一通簡短電話，不說請安，就說要回去家裡看媽媽，云兒說：「就像皇上要去看妃子一樣的態度。」

云兒需要先做練習和準備，因爲她原本回應母親的方式，都是大吼大叫、哭哭啼啼，很像博美狗害怕時狂叫的樣子，雖然攻擊性很強，卻毫無氣勢。我提醒云兒：「主子的氣勢，是從容放鬆，當有酸話出現時，既不退縮也不受傷，如果不能優雅從容的笑著反擊回去，也可以面無表情或心不在焉的讓話掉在地上，不給回應。」那次見面之前雖然云兒有點緊張，但事前準備充足，還有很愛她的老公陪伴。她說：「我刻意的鎭定從容，也不包紅包，只送小禮物，母親雖然高興，還是不忘酸我，我就當沒聽到，有意無意的炫耀了最近事業有多成功……第一步算是成功了。」

在母親節前夕，云兒想給自己一個挑戰，專程打了電話給媽媽，說要送個蛋糕給她。媽媽又開始酸她，說她上次送的那個蛋糕難吃，還是哥哥送的好吃，要她別送了。云兒馬上說好，即刻掛上電話。後來她回想，這步有點走錯，她說：「狼是你對她好，她就會咬你，果然是眞的！」

六月云兒媽媽來要精油，之前都是云兒付錢給朋友幫媽媽調製。云兒這次就說只有別的配方，沒有媽媽習慣的那種。媽媽就生氣說那她改用一般保養品，云兒說：「以前的我會生氣，因爲我覺得一般保養品不好，後來的我覺得這是她的身體，她的選擇，所以能很平靜、不帶情緒的說：好啊。」云兒原本與母親的關係如此痛苦，是因爲她們的界線糾結不清。媽媽覺得云兒的就是她的，云兒也覺得媽媽的也是她的。云兒了解了自己與母親界線是分離的後，便懂得何時放手，帶給自己平靜。

但是，挑戰還沒有結束。十天後，云兒媽媽又開始狂打電話給她，她沒接，媽媽就打給公司員工唸了一堆，然後再打到云兒老公的手機。云兒老公手機開擴音，聽見她媽媽歇斯底里的說云兒害她用精油上癮，現在她沒有精油用了，整個人因此快要死了，沒有辦法出門，也沒有臉去看醫生。云兒當下決定緩一緩先不回話，去浴室用精油按摩全身後邊泡澡邊慢慢思考這要怎解。我從頭到尾給云兒的一個重要功課，就是了解自己的感覺、接納自己的感覺。這個，就是她最需要想清楚的地方，因爲沒有了情緒這個重要的警報器，人便沒有防衛自己的智慧。

云兒說：「我很確定我完全不想幫她調製精油或是送她精油，但不給她又會吵鬧不休，突然想到給她合格的芳療師聯絡資訊，要她自己決定。」管理沒有一定的規矩，是可以很有創意的。泡完澡後，母親電話再次咄咄逼人的響起。因爲事先已經有了對策，媽媽的抱怨以及歇斯底里，都沒有引發云兒的情緒，也因此她沒有被自己情緒綁架、起了反擊心。云兒就讓媽媽講，媽媽一直瘋了的講，云兒就同步分析看著這些話掉到地上。云兒媽媽講了幾輪後停了，云兒就問媽媽：「講完了嗎？我沒辦法幫你調你要的精油，我可以給你專業芳療師的電話，你再自己決定要不要去找她解決你的問題。」云兒媽媽聽了開始安靜下來，後來又哭求云兒親自帶她到芳療師那邊，云兒很堅定的拒絕。她說：「不想就是不想，我不想委屈自己。這是很大的一步，我似乎成爲了不一樣的人了。」

云兒不一樣的地方在於，她不再需要自己的母親來理解和接納她的感覺，自己就能理解和接納自己的感覺，她同時能因爲肯定自己的感覺，而堅定的拒絕他人。由於云兒界線分清楚了，所以她能在拒絕媽媽時不再出現罪惡感，她亦能把媽媽的感覺還給媽媽。云兒終於是一個有內在權威的人了，她已經懂得如何管理自己的母親了。

我問云兒，在這整個過程中，她學到了什麼樣的方法管理自己的狼母親，這是她的感悟：

- 自己的心力只用來改變自己，不去改變媽媽。
- 學習觀察自己情緒的出沒，當個觀察者。
- 了解和媽媽的相處不是爲了討她開心，是爲了自己，只有解決原生家庭的關係，才有可能解決自己人際關係中一再出現的緊繃失控。

・多做拉高自己排序的事情。以像「主子」的氣勢和從容態度，下達命令方式說話，不去解釋這樣做的原因，也不討論自己的情緒（指的是云兒的情緒）。

・要盡量避免做出「讓母親感覺自己是主子」的事情。譬如恭敬的送禮送紅包，或是請安，或是犧牲自己去答應她的要求。不要做一些奴才會幫助主子做的事，如果要送紅包送禮，也要是獎賞而不是進貢的態度。

・和母親說話時心思特別警醒，心裡默默指認出母親越界說的酸話，盡量過腦不留，讓酸言酸語掉到地上，不接招，不落入陷阱。酸話來的時候，有氣勢且放鬆的微笑，讓酸話自然掉到地上變成屎，不必再提、再想起。

・一發現自己那些習慣反射性地攻擊意念起來時，立即找藉口先緩緩，譬如說想上廁所，或是要開會要忙了，轉身去做幾分鐘的正念深呼吸，讓自己緩下來，或是精油泡澡，先讓情緒過去才能冷靜思考。

・有情緒不想爲狼長輩做的事，就簡短明確地拒絕，不用去解釋爲什麼。

云兒說，她開始學習使用情緒後，突然發現一些身邊多年的員工、夥伴，甚至朋友……都有越她界的「習慣」。

以往她指認不出來，所以每當他們越界，身體產生的壞情緒會一直被「要求自己要當個好好小姐」的意識給打壓，造成很多身心病痛與情緒崩潰。現在云兒會使用自己的情緒了，她說：「我知道人之所以能進入『我的』界線內隨便撒野，這也是我開放了界線，是我自以爲是給他們的方便和照顧，然後因爲自己有所犧牲，所以對對方也會有所期待，然後失望，最後怨懟。這就像是我習慣性開放界線給母親一樣，其實界線是自己的防線，不論多親密的人，都必須把界線分清楚，才會有健康美好的關係。」

云兒最想跟那些被父母情緒勒索的孩子說：「這是一個不容易解開的惡夢，而且它還是個輿論不容的惡夢，如果把這個當成人生必須去面對學習的功課，就會好過很多。一步一步從學會覺察自己的情緒開始，把照顧自己當成優先，學會拒絕父母或任何人的越界行爲，就會得回我們本來該有的自在自由與快樂，和別人的關係也能平靜而美好。」

云兒說她最驕傲的事，是「不被情緒使用，學會使用情緒。」以往她想起母親，覺得母親是貌似疼愛她的魔王，很恐怖也很錯亂。而她現在想起媽媽，覺得媽媽是這一生最難解……但已解的功課。

云兒最想對母親說的是：「我是屬於我自己的，我不是『你的』小女兒。」

諮商實例 2

父母管理與孩子的關係

一開始美華來找我，是因為她的兒子常常情緒暴躁，最後在學校鬧肚子，一天到晚跑去找護士阿姨。護士阿姨建議他們去看身心科，就這樣吃了一年的百憂解，醫生說這藥應該是要吃一輩子了。到了國中，兒子大爆發，焦慮愈來愈嚴重，藥物並沒有辦法緩解症狀。在家裡，兒子天天跟他們吵架，也找弟弟吵。

美華的兒子在國小和國中時沒有什麼朋友，而且很容易就把老師當敵人，每天放學回來，都在抱怨老師不公平。美華如果幫老師說話，兒子就說全世界只有他的媽媽，都站在老師那邊。升上高中後，美華的兒子變本加厲，會直接挑戰老師，得理不饒人，後來在學校與同學起爭執，老師出來調解，兒子卻攻擊了老師，最後老師一狀告到學校那裡去，記了他一個小過。美華回憶說，她常常要到學校去處理兒子跟同學、老師的紛爭。

美華從小生長在一個吵鬧的家庭，美華的大哥是一個問題人物，媽媽很早就認定大哥是因為有病才會這樣，所以要求全家人都讓著他。媽媽帶著哥哥求神問卜，跑遍大大小小的廟宇，但是到媽媽過世時，都等不到哥哥變好。也因為這樣，所以當美華的兒子出現問題時，她很自然的認為他有病，所以不能再刺激他，要讓著他。美華的兒子從小凡事不順他的意，他就很會盧。全家常常因爲受不了他的吵鬧而屈服。造成他只要不順心，就極盡所能的鬧。美華說：「那時不懂排序，不知道界線，他不把我們當父母指責我們時，我都是跟他不停的爭辯，好像同輩在吵架，一點做父母的權威都沒有，就這樣吵吵鬧鬧不知道多少年。」美華沒有守衛自己的界線，讓她的兒子到了學校也以爲老師也沒有界線。美華再不改變，那孩子最後會到了職場，也不懂得要尊重老闆的界線。

美華的先生脾氣不好，但來得快去得快，常常雷聲大雨點小，劈哩啪啦罵一堆、放狠話，但通常都做不到。久了，小孩也麻痺了，根本不當一回事。除了罵，美華的先生就只會一直講道理，講到小孩不耐煩。先生覺得美華太疼小孩，小孩才會出問題。其實，美華和先生並不是沒有盡心管教孩子，他們其實對孩子是很嚴格的，孩子每天都有規定好要做的家務，如果不守規矩，他們是會打孩子的。但是，美華與先生並沒有有效的管理方法，讓兒子的行爲非常混亂。美華與兒子面臨的關係問題，波及最深的要屬美華的小兒子。小兒子很聽話，所以被罵的機會相對少。但是，大兒子總指責美華和先生偏心，所以只要他被處罰，都覺得是弟弟害的，會找機會報復弟弟。美華說，有一陣子，她都不敢讓弟弟跟兒子單獨相處。弟弟說，那幾年他覺得很煩躁，很不快樂，家裡每天都很吵鬧，連書都快讀不下去。

後來，我提醒美華，孩子用小腦在與她相處，是一隻狼，所以美華必須拉高她的排序，孩子才可能服她、才可能聽從她的管教。除此之外，美華與兒子之間的界線實在太糾結了，孩子的事，美華老是想介入；而美華的事，兒子老是想決定。我記得有一次他們爲了兒子不願跟著去露營，與他大吵一架，孩子已經夠大了，不去就待在家裡好了，爲什麼要強迫他？還有一次，是美華沒按孩子的建議掛她的包包，美華的兒子卻爲此跟媽媽大吵了一架。媽媽怎麼掛自己的包包是她的事，孩子爲什麼要不高興？美華那時這樣與孩子天天吵，孩子在學校卻每天中午打電話跟美華閒聊。美華覺得這是因爲孩子與她要好，我跟美華說，沒有這個年紀的孩子在學校裡應該要想起父母，他們會有這些症狀，都是因爲家長和孩子界線還沒有分離的後果。美華還記得，我曾經很斬釘截鐵的跟她說：「如果你不跟小孩界線分離，神仙下凡也救不了。」美華說：「我如同被雷打到一樣。但是，什麼是界線？什麼是排序？腦袋裡一片空白。」

美華決心要改變與兒子的相處方式，不再把自己的界線讓出去。剛開始兒子不信，還是挑戰她。美華跟兒子說，只要他不尊重美華的界線，就不給他做飯，讓他自己解決，她曾經長達數十天不弄飯給他吃。美華說：「漸漸的，我發現他盧的次數變少了，該他自己負責的事，我只說一次，也可以完成。現在家事只要該他負責的，他都不會推拖。變得很有責任感，家裡也平靜許多。」我問美華，她最大的改變是什麼，她說：「把家規寫清楚，說出的話一定要執行，在衝突時，不要跟他爭辯。眞的氣不過，就順著他的話，是呀，就是這樣，不行嗎？然後下結論。」除此之外，我認爲美華最大的改變，要屬給予孩子鼓勵和稱讚。原本，美華與兒子一接觸就是吵，所有的焦點都集中在做錯的事情上。但是，現在孩子只要做得好，美華立即就稱讚。

美華現在在與孩子相處時，很注意自己的排序情況，因爲只要她的排序不夠高，兒子就會想越界。比如，只要美華請兒子幫忙，他就會拿蹺。她感激他，他不覺得是美華有禮，他小腦直覺美華感激是因爲她排序低，就會來「搶地盤」。美華說：「不過他現在很棒，我們衝突後，他會主動打破僵局，過來跟我談，跟我說對不起、他態度不好，會說出他心裡的感受。」美華不只給自己做了一個一八〇度的大轉變，而且，她還教弟弟，哥哥如果跟他爭辯，就不要講話，只需要跟他說他做的事哪裡讓弟弟生氣就好了。美華教弟弟，要把自己的感受講出來。弟弟學得很好，他也把自己的排序拉高，哥哥已不太敢惹他了。

家長和弟弟的轉變，帶給了美華兒子新的相處技能。現在兒子可崇拜他老師了，每天回家都跟她說，他老師有多厲害，教會他很多東西。美華兒子跟同學相處也都很好。兒子跟美華說，他到了高中才喜歡上學，現在到學校是快樂的，也是到了現在，才嘗到交朋友的樂趣。美華在家庭裡做的改變，平行轉移到了學校，我很確定，美華的兒子將來到了職場，也同樣能與同事和老闆相處愉快。他靠的不是緣分，而是關係的管理技能。

美華的兒子停藥至今已快兩年了，狀況愈來愈好，以往她提起這個兒子，總是愁雲慘霧，現在她終於開始有做父母的樂趣了。美華最想跟兒子說：「當你指著我大吼的說，全天下只有我這個媽媽那麼狠心，不管小孩的死活。兒子，因爲今天我不對你狠心，他日你出家門，別人對付你的狠心，才是無法承受之痛。我如果不導正你的行爲，今天你傷害自己和他人，他日就換別人傷害你。」

美華很確定，與孩子相處是每個父母一輩子的功課，做父母的必須要學會堅定與堅強。美華說她最開心的一件事情是，她終於「不再被小孩情緒勒索了」。我則是很感動，因爲美華的勇敢與堅強，親手斬斷了上一代所帶給她家庭的情緒鎖鏈，美華與她的母親就此分道揚鑣了。美華說：「家人是命定的，我們不能選，命是天注定的，但運卻是可以改變的，我終於改變了我們的運。」

後記

家最大的功能依舊是避風港

我來自於一個接納我的家庭，我的家向來給我很深的歸屬感。二十二歲結婚時，我以為嫁到了美國，也會有一個這樣的家。我的母親擔心的問我：「你一個人在美國，如果需要回家時怎麼辦？」我很天真的回她：「我有先生，也有先生的家人呀。」事實不是如此，我先生和他的家人總是用我聽不懂的家鄉話交談，我總是在他們突然爆笑時，傻傻的坐在那裡不知發生了什麼事。先生和他的家人是在越南排華時一起逃難到美國的，感情非常緊密，沒有意願讓外人打入他們的圈子。我反覆嘗試了十多年想要成為他們的一員，也同時失敗了十多年。最後為了保護自己不再受傷，我決定不把他們當家人，可以說，我冠了他們家的姓，卻失去了我以為自己會有的家人。因為不願再把他們當家人，也因此，有許多他們家的特質，我是打從心底不接納的。我沒有料到，這個不接納，最終會影響到我的兩個女兒。

我最不欣賞先生家的一個特質，就是他們很喜歡在言談之間挑撥離間，常常搞分裂，家裡常常是烏煙瘴氣的。有鑑於此，所以我為他和女兒做了很多連結的工作，常常提醒他不要分裂我們的家庭。孩子長大了，和先生的感情極好，做爸爸的很享受，做媽媽的很滿意，先生也常為此表達對我的感激之情。但是，不知從何時開始，他開始不經意的分裂我和女兒。比如，當我從亞洲出差回來時，他會說：「小女兒跟我說，你不在家時，很平靜、很輕鬆。」或者他會對孩子說：「都是我以前對你媽媽不夠有同理心，她才會把氣出在你們的身上。」

由於大女兒在大一時胖了二十公斤，在大二時搬出宿舍自己做菜，又瘦了二十公斤，先生那天吃飯前讚美大女兒瘦了很多。小女兒就說：「你是說她以前很胖囉？」先生回「是的」，大女兒就哭了。我那時正在餐廳盯著勇士隊在被淘汰邊緣掙扎，注意到這個情況時，大女兒已經指著我的鼻子怪起我來了。當我知道這一切是小女兒攪和引發的，我很憤怒，因爲我最不能接受的就是挑撥離間。我不知因此被先生家分裂過多少次，每一次，我失去的都是我以爲我擁有的家人。現在回頭想想，由於這個特質的不寬容，當女兒犯的錯讓我聯想到自己受的創傷時，我大概無法做一個母親。一個母親見到孩子犯錯，她是可以寬容的，教了練習再來過就好。但是，如果孩子犯的錯，就是別人曾經傷我的錯，那就沒有寬容錯誤的空間，沒有讓孩子練習到會的情趣，我想，那時我眞正想要的，是保護自己。要保護就一定要防衛，防衛時是會攻擊的。這個時候的我，沒有接納孩子的餘地，只是極盡的想要改變孩子。

我的攻擊，大概引發了孩子的防衛。小女兒指出一個她最受不了我的地方，她一邊掉眼淚一邊說：「你知不知道，你從來沒有跟我道歉過？」我安靜了下來，我想自己眞的有這個問題，孩子有感受一定有原因，所以我說，那我們一起去心理諮商，這樣她們就可以把跟我要解決的情緒問題講出來，孩子安靜下來點點頭。我說：「但是你挑撥姊姊和爸爸這件事，我還是要跟你說清楚。」小女兒看我沒有要放棄追殺她，就追了一句：「我也有看你這樣對他。」（意指我也從不跟我先生道歉）我正要跟孩子說，我和先生的事不需要她置評，拜託她別再挑撥了，卻見我先生一臉得意的說：「你們不用擔心我，我很會處理你媽的。」就這樣一句，先生跟女兒站到了同一邊，我又被他畫出了我們家的線。這樣的戲碼已經上演二十二年了，我早已放棄做先生的家人了，但是，這次他搶的，是我的女兒，是我在美國唯一的家人。

我感到自己的身體漸漸的僵硬，心漸漸的涼了。我們從餐廳走出來時，兩個女兒搭著先生的肩，大女兒說：「還是我們的爸爸比較淡定。」他回摟女兒的肩。從那之後的二十四小時，我幾乎說不出話。等我醒過來能思考時，只有滿腔的憤怒，我那時想，我眞的該離開他了。我也想，既然他不願分享任何家人，那他全部拿去好了。我去跟快要收假回大學的女兒說，我要離開爸爸了。孩子錯愕到不行，因爲過去幾年，我們的感情其實沒什麼大問題，而且我們從沒有把孩子牽扯進婚姻裡。其實接下來到底發生什麼事，我不太記得了。但可以確定的是，我因爲受了傷，所以傷了自己的女兒。我在想，我想報復的不只是先生，也可能是女兒站在爸爸那一邊。

我離開美國回到亞洲娘家時，大家的傷口都還沾著血。說眞的，我心裡沒有底，到底該往哪裡走，因爲我眞的是疲倦了、被傷怕了。亞洲工作結束那一天，我在慶功宴上遇見了小千，我們公司中文系的實習生，年紀輕輕卻有一身的沉穩和安靜。我從遠處看見大家圍著她，好奇的也圍過去。才知道原來小千學了易經，正在用它來算命。我聽同事講小千給她解的卦，心想，還眞準！所以我也鬧著要扔硬幣。她們說要想好要問什麼，我就問：「家人之間關係有變，我很徬徨，不知何去何從。」丟了六次，三次人頭三次數字。小千滑著她的手機，我屏著呼吸等她。接著她就說，我的這個卦象圖，是一個〈復〉卦。

她說：「〈復〉代表了回家，經歷寒冬後陽氣的回歸，春天再度到來。」知道我故事的同事都嘩然的看著我，我的淚沒忍住，就筆直的掉了下來。

小千說，若將〈復〉上下顚反，則會成爲〈剝〉卦，〈剝〉象徵著剛強之氣強衝到最頂，內在卻變得空虛、難以支撐，可能與內心狀況相互呼應。〈復〉說明了陰與陽、剛與柔兩種不同性質能量的消長狀況，經過了寒冬的艱辛後，雖然此時看來狀況仍然艱苦，但就像種子蟄伏時表面看來平靜如常，春天的蓬勃生機馬上就要到來，一切將會轉好。

我其實那時眼前是一片模糊的，耳朵裡只有轟轟的聲響。但是，好像快要溺水的人，頭不時的浮出水面時，片面間聽到的聲音般。我聽到小千說，她建議我不要拘泥於方法，要放輕鬆，然後不要忘了做自己。我想，我的天呀，其實我已經離家十年多了，我不能想像孩子的感受。即使我人在，但是我對與先生建立的這個家，是有很多不寬容和不接納的。我用盡心力學了諮商，用了各種方法，其實，使用這些方法的目的，都只是爲了讓自己不再受傷。是不是有很多時候，孩子犯錯時，因爲她們犯的錯像先生家的人，她們見到的媽媽不是願意給她們機會改正的媽媽，而是那個極度不耐煩的媽媽。我是該放下方法，放輕鬆，做自己，做一個眞正的媽媽了。小千不知道的是，我在出門前給女兒的信裡，最後一句話，也是：

I'm coming home.

當我還是一個年輕的母親時，我常想，作爲一個母親，我的主要工作到底是什麼？除了餵養，我還能做什麼？有一天，我看到了discovery channel上講母獅教小獅子打獵的影片，母獅從小獅子叼著死的獵物開始教起，再慢慢帶他們打活的獵物。我想，連小獅子要獨立打獵之前，母獅子都花那麼多精力教小獅子方法、技巧，確保小獅子反覆練習好技能，更何況是我們教孩子呢？孩子未來要面對的工作環境，不亞於野林，他們獨立所需的技能，不亞於獅子，那我們是不是要花更多的精力，反覆的教給他們技能和給他們練習的機會？在這本書裡，我寫的是心理學裡的界線、情緒、溝通、內在權威等關係裡重要的元素。我的女兒是呼吸這些元素長大的，她們在學校和職場，與師長和老闆、同學同事的相處，都是因此而駕輕就熟。可以說，她們小小年紀就懂得管理老闆和同事，不害怕上學和上班。但是，這只是她們在家裡面學會的技能，技能只是技術，它並不是滿足靈魂的主食。也就是說，它不該是家裡唯一給孩子的東西。

我現在已經不再是個年輕的母親了，我必須說，雖然擁有這些技術能成功爲你的孩子做好職場準備，但這些並不是你的孩子最需要你給他的，也不是你的孩子最想從你那裡得到的。我們的孩子並不只是需要學會打獵的動物，因爲不單是他們的身體需要被餵養，他們的靈魂也需要被滋養。而能夠滋養他們靈魂的主食，不來自於他們的社會地位、經濟能力，或是方法和技能。能夠滋養他們靈魂的主食，來自於他們被接納、被寬容、被原諒、被陪伴。而能夠眞正豐富他們靈魂的，也正是他們接納、寬容、原諒、陪伴他人的旅程。這些，孩子都不需要你教，他需要你的示範。我想從接納、寬容、原諒自己做父母時所犯的錯做起。

回到了家，我只想放輕鬆做自己。我不再去想，要用什麼方法教導女兒，她們和他人的關係才會和諧。我只想享受我和她們相處的時間。其實我回家時，大女兒已經將近兩個月不願跟我講話了。怎麼能怪她呢？不管我說什麼，也都不可能瞞得過要去法學院的她，那個敏感的觸角。上次明明就是一個報復，這次我誠心的道歉了。接下來的日子，我把與朋友的聚會、把工作全部都排開。我們一起做菜、看電視、去買菜、上館子。有一天，她竟然提議要帶小外甥一起去她們小時候很喜歡的博物館。在開車去城裡的路上，她告訴我最近交的新男朋友，和她跟另一個朋友起衝突的事。我只是靜靜的聽著，跟她一起笑、一起罵人，陪著她分享她的喜悅和哀愁。當她做了像她爸一樣的事傷了我時——比如糾正我的英文文法——我很誠實的跟她說我的感受。

我們全家最喜歡的電影，就是《超人特攻隊》，這部電影第二集在十四年後才再度回到大螢幕，我們很久以前就約好要一起看。那天，全家一起到了電影院，電影開映前出現了一個小短片叫《包》。短片裡有一個中國媽媽做包子，她在夾蒸籠裡最後一個包子時，小包子變成了一個小寶寶。媽媽對小寶寶呵護有加，對包的愛表露無遺。但包長大了，開始叛逆了，離開了家，帶回了金髮女朋友，還說要娶她，媽媽竟氣得把包吞了下去。媽媽從夢裡流著淚驚醒，這時門開了，一個長得像包的大男人，拿著一個粉紅盒子進了房門，媽媽氣得轉過身去。孩子嘆著氣把盒子放在床上，在一旁坐了下來，媽媽轉過身把盒子打開，拿了一個包給孩子，自己吃起另一個，兩人一起掉眼淚。女兒那天晚上跟我說，她和妹妹看著那支短片，都哭得唏哩嘩啦。她一邊擦眼淚，一邊說她原諒我，她說她不想我們變成像包和他媽媽那樣，她說我一見到你，還是想跟你分享我所有的事。我哭著摟著孩子的頭笑，她也太戲劇化了，我們哪裡有什麼大問題？我只跟她說：「我們都可以回家了。」

每一個家庭都是這樣，在家裡就是會有那麼多情緒。在家人相處的漫長歷史中，就是會有人傷人、有人被傷。就因爲這樣，所以了解如何使用情緒、理清界線、了解有效溝通，能夠幫助家庭痊癒，這是我當初在心理學裡鑽研這些元素最大的動力來源。

小千後來給我復卦裡，寫到「這個〈復〉的爻辭中，呈現了旅途中各種狀態下，對於『返回』的抉擇。在不同的時空背景之下，判斷的依據變化多端，但〈復〉卦強調了「家」如避風港般的包容性與修復性，凡事皆以回家爲吉。」是的，家的第一個功能，應該是一個避風港。由於家庭、學校和工作上的角色，常是平行轉移的，這樣使得家成爲了孩子與別人相處極佳的演習地。但是演習地，就是一個犯了錯可以被接納的地方。如果遺忘了這件事，那家就會失去它最主要的功能。而孩子也可能因爲學到了技能，卻失去了靈魂的主食。

我從事諮商工作多年，很清楚不是每一個人的原生家庭都是避風港。很多人的原生家庭都是不安全的，充滿了分裂、報復、欺瞞和背叛。我衷心期盼，挾著這本書裡給的方法，以及一顆接納錯誤的心，你能爲自己與孩子，創建一個能包容，且總是可修復的避風港。

我祝願每個父母，在這個瘋狂多變的時代裡，都能夠給自己和孩子一個安靜的空間，讓你們單純的享受對方的陪伴。我更希望，每一個孩子都覺得他能回家。

愛你們的宇凡

夏

感謝

說實在的，要為這本書放下筆，並不容易。我總是想，是不是有什麼還沒講漏了。當初要下筆，也覺得很困難，我總共重新寫了三次，因為我想確保它所表達的不但能幫助到孩子未來的競爭力，而且它也能促進親子之間的關係。陪伴我走過這些複雜心情的，是我的編輯怡如。我們見面不易，但因為都是母親，所以一見面講到孩子，就是聊到天荒地老。我感謝怡如無比的好耐心，不但要照顧書，還要照顧我在寫書時九轉十八彎的心情轉折。怡如本身是一個深思熟慮的母親，這本書交到她的手上，是我和讀者的幸運。

同時要感謝在書裡分享自己故事的朋友們，在關係裡，你們都是勇士。

感謝我生命裡遇見的許多好老師，你們的教導和包容，給了我在學校扎實的職場演習機會。尤其是三民國小的滕秀芬老師和政治大學的別蓮蒂教授，謝謝你們不只給了我知識，同時也教給了我重要的人生功課，能做你們的學生，是我的幸運。

最想感謝的，是我的父母。我的父親成長時，他的情緒並沒有被他的父母接納。但是，每一次在面對我的情緒時，不管他多想逃避、他自己有多麼的壓抑、他多希望我把情緒收回，他卻都還是勇敢學習接納我。而我的母親，則是我自由的來源。從很小，我從媽媽眼裡見到的那個自己，就是一個「你想做什麼都一定做得到」的人。我的母親是一個不玩排序遊戲的人，因爲她不玩這個遊戲，所以我有自由定自己的遊戲規則。我媽媽給我畫的世界，不是一個「你一定要這樣才可以那樣」的限制，而是一個寬廣無比的遊樂場，只要你不越別人的界，你愛怎麼玩就怎麼玩。就因爲這樣，大家看到的我可能有很多頭銜：暢銷作家、心理諮商師、營養治療師、品牌創建人，但是我的體驗，卻只有「踏踏實實玩得超過癮！」這是媽媽給我的。我最感謝的是，媽媽在做母親時，很願意相信自己的直覺。因爲她相信自己，所以她很少隨波逐流，卻總是聆聽我的需求。她這樣的勇氣，給我做母親時，打下了一個最好的基礎。別人都說，孩子是上天給我們的禮物。但我很確信，能夠來到爸媽這裡做他們的女兒，是我此生最大的禮物。

我的先生雖然當丈夫還有很多要改進的地方，但作爲一個父親，卻是滿分再滿分。他的分數其實不是我給的，而是女兒們給的。她們想起自己父親時，有的不是不安和恐懼，而是無比的心安和溫暖。在經歷過滿是壓抑的童年後，先生奮力的將過去斬斷，爲女兒們騰出了一片淨土，讓她們可以哭、可以笑、可以犯傻犯錯。我感謝他盡力爲我們的孩子，準備了一個與他自己完全兩樣的童年。

最後我想謝天，感謝老天將我兩個女兒送進了我的懷裡。我常想，我何其有幸能擔此大任，一個沒有名片的職位，因爲名片無法訴盡和承載做父母的責任。我的回報，是女兒們給的無條件的愛。她們的愛，教會了我耐心和寬容。如果她倆是禮物，那她們就是拆不完的禮物，每拆一次都有驚喜。孩子對於生活和生命的創意和競爭力，總是讓人驚奇無比，我等著，繼續拆我的禮物。

宇凡：「這本書，其實是有姊妹本的。在前一本書《守衛你的情緒界線》裡，對溝通與行爲管理的溝通減壓法十招，有詳細的解釋。而《情緒界線：孩子人生必備的競爭力》，就是這些招數在家庭關係裡的應用。」

《守衛你的情緒界線》裡的十招是：

第一招：用感覺畫界線
第二招：你的是你的，我的是我的
第三招：只說我的，不動你的
第四招：用別人聽得到、聽得懂的方法說
第五招：把別人錯在哪裡講清楚
第六招：把別人該怎麼做才對講清楚
第七招：抓別人做對的時候
第八招：別人做對時，大大的鼓勵
第九招：讓大腦和小腦合作
第十招：給自己自己，放他人自由

除了說明如何運用這十招的實際作法，更附上防賤狼絕招、FAQ、避免十大溝通地雷影片。

《守衛你的情緒界線》與本書相輔相成，相得益彰，讓你在人際與家庭關係中都能如魚得水，不再左右為難。

Eurasian Publishing Group
圓神出版事業機構
用心與你對話．網野無限寬廣
如何出版社
Solutions Publishing

www.booklife.com.tw
reader@mail.eurasian.com.tw

Happy Family 075

情緒界線：孩子人生必備的競爭力

作　　者／賴宇凡
繪　　者／Carol
發 行 人／簡志忠
出 版 者／如何出版社有限公司
地　　址／台北市南京東路四段50號6樓之1
電　　話／（02）2579-6600．2579-8800．2570-3939
傳　　真／（02）2579-0338．2577-3220．2570-3636
總 編 輯／陳秋月
主　　編／柳怡如
責任編輯／柳怡如
校　　對／賴宇凡．柳怡如．張雅慧
美術編輯／李家宜
行銷企畫／詹怡慧．曾宜婷
印務統籌／劉鳳剛．高榮祥
監　　印／高榮祥
排　　版／杜易蓉
經 銷 商／叩應股份有限公司
郵撥帳號／18707239
法律顧問／圓神出版事業機構法律顧問　蕭雄淋律師
印　　刷／龍岡數位文化股份有限公司
2018年11月　初版
2021年12月　4刷

定價410元
ISBN 978-986-136-521-3

有內在權威的人，不會因爲別人壓抑、拆除、貶低、抹滅自己的情緒，就不相信自己的感覺。他們不會懷疑自己的感覺，所以會肯定自己的情緒，也因此會保護自己，這樣的人，不會是霸凌的目標。但沒有內在權威的人，卻很容易就招惹霸凌。

——《情緒界線：孩子人生必備的競爭力》

國家圖書館出版品預行編目資料

情緒界線：孩子人生必備的競爭力／賴宇凡 著.
-- 初版 -- 臺北市：如何，2018.11
344 面；17×23公分 --（Happy Family；75）

ISBN 978-986-136-521-3（平裝）
1. 人際關係　2. 職場　3. 家庭

541.76　　107015856

情緒界線

孩子人生必備的競爭力

情緒界線

孩子人生必備的競爭力

情緒界線

孩子人生必備的競爭力

情緒界線

孩子人生必備的競爭力